El asombro de un encuentro

El cristianismo en pocas palabras

Francisco

El asombro de un encuentro
El cristianismo en pocas palabras

A cargo de Lucio Brunelli

Paulinas

Para los textos citados del magisterio de la Iglesia y de los documentos de los pontífices © Libreria Editrice Vaticana, Città del Vaticano.

Traducción: Equipo Paulinas.
Imagen de cubierta: Ashwin Vaswani.
Diseño de cubierta y maquetación: Alba Cosío Velasco.

© Dicastero per la Comunicazione- Libreria Editrice Vaticana

© PAULINAS 2025
Carril del Conde, 62 - 28043 Madrid
Tel.: 91 721 89 84 - Fax: 91 759 02 04
E-mail: editorial@paulinas.es
www.paulinas.es

ISBN: 978-84-19408-57-0
Depósito Legal: M-16720-2025

Impreso en Gar.Vi. 28970 Humanes (Madrid)
Printed in Spain. Impreso en España

Introducción

En estos años el Papa Francisco nos ha acompañado de muchas maneras. A veces comunicaba simplemente con la expresión de su rostro, con una broma, con el gesticular de sus manos, con uno de sus abrazos, con el recogimiento de su oración. Pero si buscamos el corazón de su pontificado no podemos prescindir de su predicación.

Las homilías pronunciadas espontáneamente en las misas en la Casa Santa Marta, las catequesis de los miércoles, las meditaciones que precedían al ángelus de las fiestas... Aquí podemos encontrar el verdadero centro del multiforme magisterio del Papa argentino: poner en primer plano el misterio de Cristo, la humanidad del Señor, su misericordia, nuestra sorpresa. Una Iglesia que encuentra aquí su única razón de existir en el mundo, liberándose de la tentación de la mundanidad, redescubre la alegría simple del anuncio del Evangelio. Porque, contra todo moralismo pelagiano, la esperanza de salvación, también para el hombre de hoy, está en la mirada de Cristo que precede a todo reconocimiento. Pero ¿cómo hacer, hoy, experiencia de vida de esta mirada, en un mundo tan alejado de los ritos y del lenguaje de la Iglesia? Esta es la gran pregunta que estaba detrás e inspiraba los inmensos esfuerzos apostólicos de Francisco.

Este libro cuenta las palabras de su predicación que con el tiempo se nos han hecho más familiares. Y pueden seguir acompañándonos. Hemos elegido diez (misericordia, asombro, misión, Evangelio, periferias, descartados, creado, discernimiento, mundanidad, ternura), pero obviamente se podían añadir otras. Alrededor de cada una de las diez palabras encontrareis recogidos breves fragmentos de discursos o textos del Papa que la explican; con ejemplos, metáforas, citas bíblicas. Se ha preferido escoger las meditaciones pronunciadas espontáneamente, que conservan el lenguaje hablado y hacen mejor aflorar, con su inmediatez, el espíritu y el temperamento de Francisco.

Es un libro para hojear y leer como punto de partida para la meditación y la oración, fuente de paz y consuelo, para la fe de los cristianos. Pero también los no creyentes que han seguido a Francisco con simpatía pueden comprender mejor en estas páginas las razones profundas de su acción pública. El relato mediático de Francisco, a veces, se ha dispersado en miles riachuelos. Pequeñas o grandes curiosidades, tomas de posición sobre temas sociales y políticos. Elementos importantes del pontificado, por supuesto, pensemos solo en el valiente compromiso contra la guerra, en Ucrania y en Oriente Medio o en la defensa a contracorriente de la dignidad de las personas migrantes. Pero también estas batallas se comprenden plenamente solo enraizadas en la fe de Jorge Mario Bergoglio, «pecador al que el Señor ha mirado», como se definió él, en la primera entrevista concedida como Pontífice. Una mirada hacia el dolor del mundo, que es reflejo de una mirada compasiva recibida. Como la de Cristo sobre Mateo o Zaqueo, odiados colaboradores de los ocupantes romanos, pero –cuenta Francisco en estas páginas– es esa mirada la que les cambia, sin previo aviso, los hace hombres diferentes.

Cada página está llena de vida, de amor a Cristo, de pasión por el hombre, contra todo formalismo, rigidez, hipocresía. Un magisterio-testimonio más que un magisterio-doctrinal. «Transmitir la fe no es dar información, sino construir un corazón, construir un corazón en la fe en Jesucristo... Hay otra manera de transmitir la fe: es transmitir lo que hemos recibido... Este es el reto del cristiano: ser fecundo en la transmisión de la fe», ... Pero es también el reto de la Iglesia: ser madre fecunda, dar a luz hijos en la fe. Transmitir la fe ... no es buscar gente que apoye a este equipo de fútbol, a este club, a este centro cultural ... La fe se transmite, pero por atracción, es decir, por testimonio. ... Y siempre surge la curiosidad:

¿Pero por qué esta persona vive así?» (pp. 44). Una atracción, más que un proselitismo.

En la novela de Vladimir Solov'ëv *Los tres diálogos y el relato del Anticristo*, en un cierto momento el emperador del mundo se dirige con tono cautivador a los cristianos, preguntándoles qué es lo más querido en su religión, para poder satisfacer cualquier demanda material (y obtener su aprobación). Un santo monje, el starets Juan, percibe el engaño y responde con dulzura: «¡Gran soberano! Lo más querido en el cristianismo es Cristo mismo. Él mismo y todo lo que viene de Él». Respuesta que suscita el odio irrefrenable del emperador.

La esperanza es que este libro ayude a percibir lo que, del cristianismo, era más querido para Francisco. Seguros de que su respuesta al emperador no sería distinta de la del santo monje ortodoxo.

L. B.

Un amor «injusto»

La Misericordia de Dios
abraza a todos

Él nunca se cansa de perdonar

Pensad en aquella cháchara después de la vocación de Mateo: «¡Pero este va con los pecadores!» (*cf. Mc 2,16*). Y él ha venido para nosotros, cuando reconocemos que somos pecadores. Pero si somos como aquel fariseo ante el altar –«Te doy gracias, porque no soy como los demás hombres, y tampoco como ese que está a la puerta, como ese publicano» (*cf Lc 18,11-12*)–, no conocemos el corazón del Señor, y nunca tendremos la alegría de sentir esta misericordia.

No es fácil encomendarse a la misericordia de Dios, porque eso es un abismo incomprensible. Pero hay que hacerlo. «Ay, padre, si usted conociera mi vida, no me hablaría así». «¿Por qué, qué has hecho?». «¡Ay padre!, las he hecho gordas». «¡Mejor!». «Acude a Jesús. A él le gusta que se le cuenten estas cosas». Él se olvida, él tiene una capacidad de olvidar especial. Se olvida, te besa, te abraza y te dice solamente: «Tampoco yo te condeno. Anda, y en adelante no peques más» (*Jn 8,11*). Sólo te da ese consejo. Después de un mes, estamos en las mismas condiciones... Volvamos al Señor. El Señor nunca se cansa de perdonar, ¡jamás! Somos nosotros los que nos cansamos de pedirle perdón. Y pidamos la gracia de no cansarnos de pedir perdón, porque él nunca se cansa de perdonar. Pidamos esta gracia.

Homilía de la Santa Misa en la parroquia de S. Ana en el Vaticano, 17 de marzo 2013

Es él quien da el «mal ejemplo»

Jesús tiene las «entrañas» de Dios, Isaías habla mucho de ello: está lleno de ternura hacia la gente, especialmente hacia las personas excluidas, es decir, hacia los pecadores, hacia los enfermos de los que nadie se hace cargo... De modo que, a imagen del buen Pastor, el sacerdote es hombre de misericordia y de compasión, cercano a su gente y servidor de todos. Éste es un criterio pastoral que quisiera subrayar bien: la cercanía. La proximidad y el servicio, pero la proximidad, la cercanía... Quien sea que se encuentre herido en su vida, de cualquier modo, puede encontrar en él atención y escucha... En especial el sacerdote demuestra entrañas de misericordia al administrar el sacramento de la Reconciliación; lo demuestra en toda su actitud, en el modo de acoger, de escuchar, de aconsejar, de absolver...

Pero esto deriva del modo en el cual él mismo vive el sacramento en primera persona, del modo como se deja abrazar por Dios Padre en la Confesión, y permanece dentro de este abrazo... Si uno vive esto dentro de sí, en su corazón, puede también donarlo a los demás en el ministerio. Y os dejo una pregunta: ¿Cómo me confieso? ¿Me dejo abrazar? Me viene a la mente un gran sacerdote de Buenos Aires, tiene menos años que yo, tendrá 72... Una vez vino a mí. Es un gran confesor: siempre hay fila con él... Los sacerdotes, la mayoría, van a él a confesarse... Es un gran confesor. Y una vez vino a mí: «Pero padre...». «Dime». «Tengo un poco de escrúpulos, porque sé que perdono demasiado». «Reza... si tú perdonas demasiado...». Y hemos hablado de la misericordia. A un cierto punto me dijo: «Sabes, cuando yo siento que es fuerte este escrúpulo, voy a la capilla, ante el Sagrario, y le digo: Discúlpame, Tú tienes la culpa, porque me has dado un mal ejemplo. Y me marcho tranquilo...».

Encuentro con los párrocos de Roma, 6 de marzo 2014

De un abrazo una vida diferente

Solo quien ha sido acariciado por la ternura de la misericordia conoce verdaderamente al Señor. El lugar privilegiado del encuentro es la caricia de la misericordia de Jesucristo a mi pecado. Y por eso, algunas veces, me habéis oído decir que el puesto, el lugar privilegiado del encuentro con Jesucristo es mi pecado. Gracias a este abrazo de misericordia vienen ganas de responder y cambiar, y puede brotar una vida diversa.

La moral cristiana no es el esfuerzo titánico, voluntarista de quien decide ser coherente y lo logra, una especie de desafío solitario ante el mundo. No. Esta no es la moral cristiana, es otra cosa. La moral cristiana es respuesta, es la respuesta conmovida ante una misericordia sorprendente, imprevisible, incluso «injusta» según los criterios humanos, de uno que me conoce, conoce mis traiciones y me quiere lo mismo, me estima, me abraza, me llama de nuevo, espera en mí, espera de mí.

La moral cristiana no es no caer jamás, sino levantarse siempre, gracias a su mano que nos toma. Y el camino de la Iglesia es también este: dejar que se manifieste la gran misericordia de Dios.

Encuentro con el movimiento de Comunión y Liberación,
7 de marzo 2015

Las obras de misericordia corporales

La misericordia de Dios transforma el corazón del hombre haciéndole experimentar un amor fiel, y lo hace a su vez capaz de misericordia. Es siempre un milagro el que la misericordia divina se irradie en la vida de cada uno de nosotros, impulsándonos a amar al prójimo y animándonos a vivir lo que la tradición de la Iglesia llama las obras de misericordia corporales y espirituales. Ellas nos recuerdan que nuestra fe se traduce en gestos concretos y cotidianos, destinados a ayudar a nuestro prójimo en el cuerpo y en el espíritu, y sobre los que seremos juzgados: nutrirlo, visitarlo, consolarlo y educarlo.

Por eso, expresé mi deseo de que «el pueblo cristiano reflexione durante el Jubileo sobre las obras de misericordia corporales y espirituales. Será un modo para despertar nuestra conciencia, muchas veces aletargada ante el drama de la pobreza, y para entrar todavía más en el corazón del Evangelio, donde los pobres son los privilegiados de la misericordia divina»

Mensaje para la Cuaresma, 4 octubre 2015

Esa madre que se prostituía...

Cuando era rector del Colegio Máximo de los jesuitas y párroco, recuerdo a una madre que tenía hijos pequeños y había sido abandonada por su marido. Cuando no tenía trabajo, se prostituía para alimentar a sus hijos. Era humilde, frecuentaba la parroquia, tratábamos de ayudarla en Cáritas.

Recuerdo que un día vino al Colegio con los hijos y preguntó por mí. Me llamaron y fui a recibirla. Estaba allí para agradecérmelo. Yo creía que era por el paquete de comida que le habíamos enviado. «¿Lo ha recibido?» le pregunté. Y ella: «Sí, sí, pero yo he venido a darle las gracias porque usted nunca dejó de llamarme "señora"». Para ella el hecho de que el párroco, aun intuyendo la vida que llevaba en los meses en que no conseguía trabajo, siguiera llamándola «señora», era tan importante como –o quizás más– esa ayuda concreta que le dábamos.

Libro-entrevista El nombre de Dios es misericordia. Una conversación con Andrea Tornielli, Piemme, 2016

La miseria y la misericordia

La escena ocurre en la explanada del Templo. Imagináosla allí, en el atrio (de la basílica de San Pedro). Jesús está enseñando a la gente, y llegan algunos escribas y fariseos que conducen delante de Él a una mujer sorprendida en adulterio… En realidad, ellos no fueron al Maestro para pedirle su opinión –era gente mala–, sino para tenderle una trampa. De hecho, si Jesús siguiera la severidad de la ley, aprobando la lapidación de la mujer, perdería su fama de mansedumbre y bondad que tanto fascina al pueblo; si en cambio quisiera ser misericordioso, debería ir contra la ley, que Él mismo dijo que no quería abolir sino dar cumplimiento (cf *Mt* 5,17). Y Jesús está en medio de esta situación.

Esta mala intención se esconde bajo la pregunta que le plantean a Jesús: «¿Tú que dices?» (v. 5). Jesús no responde, se calla y realiza un gesto misterioso: «inclinándose, se puso a escribir con el dedo en la tierra» (v. 7). Quizás hacía dibujos, algunos dicen que escribía los pecados de los fariseos... de cualquier manera, escribía, estaba en otro lado. De este modo invita a todos a la calma, a no actuar inducidos por la impulsividad, y a buscar la justicia de Dios. Pero aquellos malvados insisten y esperan de él una respuesta. Parecía que tenían sed de sangre. Entonces Jesús levanta la mirada y les dice: «Aquel de vosotros que esté sin pecado, que le arroje la primera piedra» (v. 7). Esta respuesta desubica los acusadores, los desarma a todos en el sentido estricto de la palabra: todos depusieron las «armas», o sea las piedras listas para ser arrojadas, tanto las visibles contra la mujer, como las escondidas contra Jesús.

Y mientras el Señor sigue escribiendo en la tierra, haciendo dibujos, no sé..., los acusadores se van uno tras otro, con la cabeza baja, comenzando por los más ancianos que eran más conscientes de no estar sin pecado. ¡Qué bien nos hace ser conscientes de que también nosotros somos pecadores!

Cuando hablamos mal de los otros –todas estas cosas que nosotros conocemos bien–, ¡qué bien nos hará tener el coraje de hacer caer en el suelo las piedras que tenemos para arrojárselas a los demás y pensar un poco en nuestros pecados! Se quedaron allí solos la mujer y Jesús: *la miseria* y *la misericordia*, una frente a la otra. Y esto cuántas veces nos sucede a nosotros cuando nos detenemos ante el confesionario, con vergüenza, para hacer ver nuestra miseria y pedir el perdón. «Mujer, ¿dónde están?» (v. 10), le dice Jesús. Y basta esta constatación, y su mirada llena de misericordia y llena de amor, para hacer sentir a esa persona –quizás por primera vez– que tiene una dignidad, que ella no es su pecado, que ella tiene una dignidad de persona, que puede cambiar de vida, puede salir de sus esclavitudes y caminar por una senda nueva.

Ángelus, 13 de marzo 2016

Buenos samaritanos

Toda enfermedad puede encontrar en la misericordia de Dios una ayuda eficaz. De hecho, su misericordia no se queda lejos: desea salir al encuentro de todas las pobrezas y liberar de tantas formas de esclavitud que afligen a nuestro mundo. Quiere llegar a las heridas de cada uno, para curarlas.

Ser *apóstoles de misericordia* significa tocar y acariciar sus llagas, presentes también hoy en el cuerpo y en el alma de muchos hermanos y hermanas suyos. Al curar estas heridas, confesamos a Jesús, lo hacemos presente y vivo; permitimos a otros que toquen su misericordia y que lo reconozcan como «Señor y Dios» (cf *Jn 20,28*), como hizo el apóstol Tomás. Esta es la misión que se nos confía. Muchas personas piden ser *escuchadas* y *comprendidas*.

El Evangelio de la misericordia, para anunciarlo y escribirlo en la vida, busca personas con el corazón paciente y abierto, «buenos samaritanos» que conocen la compasión y el silencio ante el misterio del hermano y de la hermana; pide siervos generosos y alegres que aman gratuitamente sin pretender nada a cambio.

Homilía de la Santa Misa en el Jubileo de la Misericordia, 3 de abril de 2016

Había un padre que tenía dos hijos...

«Celebremos una fiesta, porque este hijo mío estaba muerto y ha vuelto a la vida; estaba perdido y ha sido hallado» (Lc 15,23-24). Con estas palabras el padre interrumpió al hijo menor en el momento en el que estaba confesando su culpa: «Ya no merezco ser llamado hijo tuyo...» (v. 19). Pero esta expresión es insoportable para el corazón del padre, que, en cambio, se apresura a restituir al hijo los signos de su dignidad: el mejor vestido, el anillo y las sandalias.

Jesús no describe a un padre ofendido y resentido, un padre que, por ejemplo, dice al hijo: «Me la pagarás»: no, el padre lo abraza, lo espera con amor. Al contrario, lo único que le interesa al padre es que este hijo esté ante él sano y salvo, y esto lo hace feliz y por eso celebra una fiesta. La acogida del hijo que regresa se describe de un modo conmovedor: «Estaba él todavía lejos, le vio su padre y, conmovido, corrió, se echó a su cuello y le besó» (v. 20). Cuánta ternura; lo vio cuando él estaba todavía lejos: ¿qué significa esto? Que el padre subía a la terraza continuamente para mirar el camino y ver si el hijo regresaba; ese hijo que había hecho de todo, pero el padre lo esperaba. ¡Cuán bonita es la ternura del padre!

La misericordia del padre es desbordante, incondicional, y se manifiesta incluso antes de que el hijo hable. Cierto, el hijo sabe que se ha equivocado y lo reconoce: «He pecado... trátame como a uno de tus jornaleros» (v. 19). Pero estas palabras se disuelven ante el perdón del padre. El abrazo y el beso de su papá le hacen comprender que siempre ha sido considerado hijo, a pesar de todo. Es importante esta enseñanza de Jesús: nuestra condición de hijos de Dios es fruto del amor del corazón del Padre; no depende de nuestros méritos o de nuestras acciones, y, por lo tanto, nadie nos la puede quitar, ni siquiera el diablo. Nadie puede quitarnos esta dignidad.

Audiencia general, 11 de mayo de 2016

El buen ladrón

Jesús está ahí en la cruz para estar con los culpables: a través de esta cercanía, Él les ofrece la salvación ... Y así el buen ladrón se convierte en testigo de la Gracia; ha ocurrido lo impensable: Dios me ha amado hasta tal punto que ha muerto en la cruz por mí.

La fe misma de este hombre es fruto de la gracia de Cristo: sus ojos contemplan en el Crucificado el amor de Dios por él, pobre pecador. Es verdad, era ladrón, era un ladrón, había robado toda su vida. Pero al final, arrepentido de lo que había hecho, mirando a Jesús tan bueno y misericordioso logró robarle el cielo: ¡éste es un buen ladrón!

El buen ladrón se dirige directamente a Jesús, pidiendo su ayuda: «Jesús acuérdate de mí cuando vengas con tu reino» (Lc 23,42). Le llama por nombre, «Jesús», con confianza, y así confiesa lo que este nombre indica: «el Señor salva», esto significa el nombre de «Jesús». Ese hombre pide a Jesús que se acuerde de él. ¡Cuánta ternura en esta expresión, cuánta humanidad!

Audiencia general, 28 septiembre 2016

Dame tu miseria

A santa Faustina Jesús le dice: «Yo soy el amor y la misericordia misma; no existe miseria que pueda medirse con mi misericordia» (*Diario*, 14 septiembre 1937). En otra ocasión, la santa le dijo a Jesús, con satisfacción, que le había ofrecido toda su vida, todo lo que tenía. Pero la respuesta de Jesús la desconcertó: «Hija mía, no me has ofrecido lo que es realmente tuyo». ¿Qué cosa había retenido para sí aquella santa religiosa? Jesús le dijo amablemente: «Hija, dame *tu miseria*» (10 octubre 1937).

También nosotros podemos preguntarnos: «¿Le he entregado mi miseria al Señor? ¿Le he mostrado mis caídas para que me levante?». ¿O hay algo que todavía me guardo dentro? Un pecado, un remordimiento del pasado, una herida en mi interior, un rencor hacia alguien, una idea sobre una persona determinada... El Señor espera que le presentemos nuestras miserias, para hacernos descubrir su misericordia.

Homilía de la Santa Misa de la Divina Misericordia, iglesia del Santo Espíritu in Sassia, 19 de abril 2020

Perdona todo, perdona siempre

El Evangelio, acogido y compartido, recibido y donado, nos conduce a la alegría, porque nos hace descubrir que Dios es el Padre de la misericordia, que se conmueve por nosotros, que nos levanta de nuestras caídas, que nunca nos retira su amor. Fijemos esto en nuestro corazón: *Dios jamás nos retira su amor*. «Pero Padre, ¿aunque haga algo grave?». Dios jamás retira su amor por ti.

Esto, frente a la experiencia del mal, a veces pudiera parecernos «injusto», porque nosotros sólo aplicamos la justicia terrena que dice que «quien se equivoca debe pagar por su error». Sin embargo, la justicia de Dios es superior; el que se haya equivocado está llamado a reparar sus errores, pero para sanar su corazón necesita del amor misericordioso de Dios. No se olviden: Dios perdona todo, Dios perdona siempre, Dios nos justifica con su misericordia, es decir, nos hace justos porque nos da un corazón nuevo, una vida nueva.

Encuentro con obispos, sacerdotes, diáconos,
consagrados, seminaristas y agentes pastorales,
viaje apostólico a Luxemburgo y Bélgica,
28 de septiembre de 2024

Él me mira

El Asombro que suscita Jesús

Alguien que te está esperando

Me pasó algo extraño durante aquella confesión, no sé qué fue exactamente, pero cambió mi vida; diría que me dejé sorprender con la guardia baja. Fue la sorpresa, el asombro de un encuentro, me di cuenta que me estaban esperando. Esta es la experiencia religiosa: el asombro de alguien que te está esperando. Desde ese momento, para mí, Dios es el que te anticipa. Lo estás buscando, pero siempre es Él quien te encuentra primero. Quieres encontrarlo, pero es Él quien viene a tu encuentro primero.

Libro-entrevista Mi puerta está siempre abierta.
Una conversación con Antonio Spadaro, Rizzoli, 2013

Los lugares del asombro

Para celebrar bien la Navidad, estamos llamados a detenernos en los «lugares» del asombro. Y, ¿cuáles son los lugares del asombro en la vida cotidiana? Son tres. El primer lugar es *el otro*, en quien reconocemos a un hermano, porque desde que sucedió el Nacimiento de Jesús, cada rostro lleva marcada la semejanza del Hijo de Dios. Sobre todo, cuando es el rostro del pobre, porque como pobre Dios entró en el mundo y dejó, ante todo, que los pobres se acercaran a Él.

Otro lugar del asombro –el segundo– en el que, si miramos con fe, sentimos asombro, es *la historia*. Muchas veces creemos verla por el lado justo, y sin embargo corremos el riesgo de leerla al revés. Sucede, por ejemplo, cuando ésta nos parece determinada por la economía de mercado, regulada por las finanzas y los negocios, dominada por los poderosos de turno. El Dios de la Navidad es, en cambio, un Dios que «cambia las cartas»: ¡Le gusta hacerlo! Como canta María en el *Magníficat, es el Señor el que derriba a los poderosos del trono y ensalza a los humildes, colma de bienes a los hambrientos y a los ricos despide vacíos* (cf Lc 1,52-53). Este es el segundo asombro, el asombro de la historia. Un tercer lugar de asombro es *la Iglesia*: mirarla con el asombro de la fe significa no limitarse a considerarla solamente como institución religiosa que es, sino a sentirla como Madre que, aun entre manchas y arrugas –¡tenemos muchas!– deja ver las características de la Esposa amada y purificada por Cristo Señor.

Ángelus, 20 de diciembre 2015

Ay de la costumbre

El Evangelio nos dice también que «*Su padre y su madre estaban admirados por lo que se decía del niño*» (Lc 2,33). José y María custodian el estupor por este encuentro lleno de luz y de esperanza para todos los pueblos. Y también nosotros, como cristianos y como personas consagradas, somos custodios del estupor. Un estupor que pide ser renovado siempre; cuidado con la costumbre en la vida espiritual; cuidado con cristalizar nuestros carismas en una doctrina abstracta: los carismas de los fundadores –como he dicho otras veces– no son para sellar en una botella, no son piezas de museo. Nuestros fundadores han sido movidos por el Espíritu y no han tenido miedo de ensuciarse las manos con la vida cotidiana, con los problemas de la gente, recorriendo con coraje las periferias geográficas y existenciales. No se detuvieron ante los obstáculos y las incomprensiones de los demás, porque mantuvieron en el corazón el estupor por el encuentro con Cristo. No han domesticado la gracia del Evangelio; han tenido siempre en el corazón una sana inquietud por el Señor, un deseo vehemente de llevarlo a los demás, como han hecho María y José en el templo. También hoy nosotros estamos llamados a realizar elecciones proféticas y valientes.

Homilía de la Santa Misa en el Jubileo de la vida consagrada, 2 de febrero de 2016

La sorpresa de una mirada

Los especialistas de las estadísticas habrían podido publicar: «baja la popularidad del Rabino Jesús». Pero Él buscaba otra cosa: buscaba a la gente. Y la gente le buscaba a Él. La gente tenía los ojos fijos sobre Él y Él tenía los ojos fijos sobre la gente, pero no sobre la multitud sino sobre cada uno. Porque precisamente esta es «la peculiaridad de la mirada de Jesús. Jesús no masifica a la gente: Jesús mira a cada uno... No masifica a la gente, va al grande y al pequeño... Ocurre efectivamente que «yo voy, miro a Jesús, camino delante, fijo la mirada en Jesús y ¿qué encuentro? Que Él tiene la mirada fija sobre mí.

Y esto me hace sentir gran estupor. Es el estupor del encuentro con Jesús. Pero para experimentarlo, no hay que tener miedo, como no tuvo miedo esa viejecita para ir a tocar el bajo del manto: ¡no tengamos miedo! Corramos por este camino, con la mirada siempre fija sobre Jesús. Y tendremos esta bonita sorpresa: nos llenará de estupor. El mismo Jesús tiene la mirada fija sobre mí.

Meditación matutina en la capilla de la Domus Sanctae Marthae, 31 enero 2017

El Dios de las sorpresas

¿Cómo es mi fe? ¿Es una fe alegre o una fe siempre igual, una fe «plana»? ¿Tengo un sentido de asombro cuando veo las obras del Señor? Cuando escucho hablar de cosas de la evangelización o de la vida de un santo, o cuando veo a tanta gente buena: ¿siento la gracia dentro, o nada se mueve en mi corazón? ¿Sé sentir las consolaciones del espíritu o estoy cerrado a ello? Preguntémonos cada uno de nosotros en un examen de conciencia: ¿cómo es mi fe?, ¿es alegre?, ¿está abierta a las sorpresas de Dios? Porque Dios es el Dios de las sorpresas: ¿he «probado» en el alma aquel sentido de estupor que hace la presencia de Dios, ese sentido de gratitud? Pensemos en estas palabras, que son estados de ánimo de la fe: alegría, sentido de asombro, sentido de sorpresa y gratitud.

Ángelus, 24 de junio 2018

La admiración es otra cosa

Jesús nos sorprende desde el primer momento. Su gente lo acoge con solemnidad, pero Él entra en Jerusalén sobre un humilde burrito. La gente espera para la Pascua al libertador poderoso, pero Jesús viene para cumplir la Pascua con su sacrificio. Su gente espera celebrar la victoria sobre los romanos con la espada, pero Jesús viene a celebrar la victoria de Dios con la cruz. ¿Qué le sucedió a aquella gente, que en pocos días pasó de aclamar con hosannas a Jesús a gritar «crucifícalo»? ¿Qué les sucedió? En realidad, aquellas personas seguían más una imagen del Mesías, que al Mesías real. *Admiraban* a Jesús, pero no estaban dispuestas a dejarse *sorprender* por Él. El asombro es distinto de la simple admiración. La admiración puede ser mundana, porque busca los gustos y las expectativas de cada uno; en cambio, el asombro permanece abierto al otro, a su novedad. También hoy hay muchos que admiran a Jesús, porque habló bien, porque amó y perdonó, porque su ejemplo cambió la historia... y tantas cosas más. Lo admiran, pero sus vidas no cambian. Porque admirar a Jesús no es suficiente. Es necesario seguir su camino, dejarse cuestionar por Él, pasar de la admiración al asombro.

¿Y qué es lo que más sorprende del Señor y de su Pascua? El hecho de que Él llegue a la gloria por el camino de la humillación. Él triunfa acogiendo el dolor y la muerte, que nosotros, rehenes de la admiración y del éxito, evitaríamos. Jesús, en cambio –nos dice san Pablo–, «se despojó de sí mismo, […] se humilló a sí mismo» (*Flp* 2,7.8). Sorprende ver al Omnipotente reducido a nada.

Homilía de la Santa Misa en el Domingo de Ramos,
28 de marzo 2021

Una letanía cansada

Y aquí entramos precisamente en el núcleo del problema: cuando hacemos que prevalezca *la comodidad de la costumbre* y *la dictadura de los prejuicios*, es difícil abrirse a la novedad y dejarse sorprender. Nosotros controlamos, con la costumbre, con los prejuicios. Al final sucede que muchas veces, de la vida, de las experiencias e incluso de las personas buscamos solo confirmación a nuestras ideas y a nuestros esquemas, para nunca tener que hacer el esfuerzo de cambiar.

Y esto puede suceder también con Dios, precisamente a nosotros creyentes, a nosotros que pensamos que conocemos a Jesús, que sabemos ya mucho sobre Él y que nos basta con repetir las cosas de siempre. Y esto no basta con Dios. Pero sin apertura a la novedad y sobre todo –escuchad bien– apertura a las sorpresas de Dios, sin asombro, la fe se convierte en una letanía cansada que lentamente se apaga y se convierte en una costumbre, una costumbre social.

He dicho una palabra: el asombro. ¿Qué es el asombro? El asombro es precisamente cuando sucede el encuentro con Dios: «He encontrado al Señor». Leemos en el Evangelio: muchas veces, la gente que encuentra a Jesús y lo reconoce, siente el *asombro*. Y nosotros, con el encuentro con Dios, tenemos que ir en este camino: sentir el asombro. Es como el certificado de garantía que ese encuentro es verdad, no es costumbre.

Ángelus, 4 de julio 2021

El comienzo es una maravilla

A veces, frente a las incomprensiones o a las dificultades de la vida, en los momentos de soledad o de desilusión, esta duda puede llamar a la puerta de nuestro corazón: «Quizá soy yo que no voy bien, tal vez estoy equivocado, estoy equivocada». Amigos, es una tentación que hay que rechazar. El diablo nos mete esta duda en el corazón para arrojarnos en la tristeza. ¿Qué hay que hacer? ¿Qué hay que hacer cuando una duda de este tipo se vuelve sofocante y no nos deja en paz, cuando se pierde la confianza y no se sabe por dónde comenzar?

Es necesario volver a encontrar el punto de partida. ¿Cuál es? Para comprenderlo, pongámonos a la escucha de nuestra gran cultura clásica. ¿Saben cuál fue el punto de partida de la filosofía, pero también del arte, de la cultura y de la ciencia? ¿Saben cuál? Todo comenzó por una chispa, por un descubrimiento que se expresa con una palabra magnífica: *thaumàzein*. Es el maravillarse, *el asombro*. Así comenzó la filosofía de maravillarse frente a aquello que es, frente a nuestra existencia, a la armonía de la creación y al misterio de la vida.

Pero el asombro no es sólo el comienzo de la filosofía, sino también el inicio de nuestra fe. El Evangelio nos dice muchas veces que cuando alguien encuentra a Jesús se asombra, siente admiración. En el encuentro con Dios está siempre ese estupor, que es el inicio del diálogo con Dios. Y esto es así porque tener fe no consiste principalmente en un conjunto de cosas que hay que creer y de preceptos que hay que cumplir. El corazón de la fe no es una idea, no es una moral; el corazón de la fe es una realidad, una realidad bellísima que no depende de nosotros y que nos deja con la boca abierta: *¡somos hijos amados de Dios!* Este es el corazón de la fe: *¡somos hijos amados de Dios!*

Encuentro con los jóvenes, viaje apostólico a Grecia, 6 de diciembre de 2021

El olor de Dios

El propósito de la Palabra de Dios es el encuentro. La Palabra de Dios es para encontrarnos: el Señor ha venido con su Hijo –que es su Palabra– para encontrarnos. Si no hay encuentro, si no hay encuentro, solo hay una noticia que tengo de una historia que leo, y de un Maestro que explica las cosas…

Hay una palabra que explica un sentimiento, cuando hay encuentro o no hay encuentro: cuando yo me encuentro con el Señor en su Palabra, hay este sentimiento de *asombro*.

El asombro viene cuando te encuentras con el Señor. Si lees el Evangelio intelectualmente como una cosa histórica, nunca sentirás el asombro. El asombro es precisamente el olor de Dios que está pasando: te deja esto. Muchas veces, nosotros leemos un pasaje del Evangelio y de nuevo caemos sobre el mismo... pero no pasa nada. Pero un día –¡toc!– te toca el asombro y nosotros entendemos lo que hay detrás de ese paso. Y esta es la presencia de Jesús. ¿Por qué? Porque en los Evangelios está Jesús, y el Señor está allí, y no solo es algo escrito desde hace siglos: no, el Señor está presente en el Evangelio a su manera como está presente en la Eucaristía a su manera. Y si yo solo escucho las noticias con la cabeza está bien, pero no me hace madurar, no salva mi corazón. Cuando yo lo siento precisamente con el asombro –que es una gracia de Dios, el asombro– allí siento que el Señor está presente. Jesús está presente en los Evangelios: está presente.

Por eso no se pueden leer como un romance o una colección de cuentos de hadas: ¡no, no! Pero... Alguien me puede decir: ¿Cómo se siente el asombro? «¿Debo tomar alguna pastilla?». No: solo coge el

Evangelio con sencillez y amor, y será Dios quien te sorprenderá.

Programa Volti dei Vangeli, *Raiuno, 17 de abril 2022*

Querido hermano cardenal, ¿sientes asombro?

El himno con el que comienza la Carta a los Efesios surge de la contemplación del proyecto salvífico de Dios en la historia. Así como permanecemos encantados frente al universo que nos rodea, de la misma manera nos invade el estupor considerando la historia de la salvación. Y si en el cosmos cada cosa se mueve o está quieta según la intangible fuerza de gravedad, en el designio de Dios a través de los tiempos todo encuentra su origen, existencia, meta y fin *en Cristo*. En el himno paulino, esta expresión —«en Cristo» o «en Él»— es el eje que rige todas las etapas de la historia de la salvación: en Cristo hemos sido bendecidos antes de la creación; en Él hemos sido llamados; en Él hemos sido redimidos; en Él toda criatura es conducida nuevamente a la unidad, y todos, los cercanos y los alejados, los primeros y los últimos, estamos destinados, gracias a la obra del Espíritu Santo, a ser alabanza para la gloria de Dios.

Frente a este designio, nos corresponde —como dice la liturgia— aclamar al Señor «que merece la alabanza» (Responsorio Laudes lunes IV semana): alabanza, bendición, adoración y gratitud que reconoce la obra de Dios. Una alabanza que vive de estupor, y está preservada del riesgo de caer en la rutina siempre que se inspire en la maravilla, siempre que se alimente de esta actitud fundamental del corazón y del espíritu: el estupor. Yo quisiera preguntar a cada uno de nosotros, a vosotros queridos hermanos Cardenales, a ustedes obispos, sacerdotes, consagrados, consagradas, pueblo de Dios: ¿Cómo va su estupor? ¿Siente ese estupor alguna vez? ¿O se ha olvidado lo que significa?

Homilía de la Santa Misa con los nuevos cardenales,
30 de agosto 2022

Ofrecer un tesoro recibido

La Misión no es proselitismo o estrategia

Las 99 ovejas fuera del redil

No entiendo las comunidades cristianas que están cerradas, en la parroquia. Quiero deciros algo. En el Evangelio es bonito ese pasaje que nos habla del pastor que, cuando vuelve al ovil, se da cuenta de que falta una oveja: deja las 99 y va a buscarla, a buscar una. Pero, hermanos y hermanas, nosotros tenemos una; ¡nos faltan 99! Debemos salir, ¡debemos ir hacia los demás! En esta cultura –digámonos la verdad– tenemos sólo una, ¡somos minoría! ¿Y sentimos el fervor, el celo apostólico de ir y salir y buscar las otras 99?

Esta es una gran responsabilidad y debemos pedir al Señor la gracia de la generosidad y el valor y la paciencia para salir, para salir a anunciar el Evangelio. Ah, esto es difícil. Es más fácil quedarse en casa, con esa única oveja. Es más fácil con esa oveja, peinarla, acariciarla... pero nosotros sacerdotes, también vosotros cristianos, todos: el Señor nos quiere pastores, no peinadores de ovejas; ¡pastores! Y cuando una comunidad está cerrada, siempre con las mismas personas que hablan, esta comunidad no es una comunidad que da vida. Es una comunidad estéril, no es fecunda. La fecundidad del Evangelio viene por la gracia de Jesucristo, pero a través de nosotros, de nuestra predicación, de nuestra valentía, de nuestra paciencia.

Encuentro con los participantes en el Congreso eclesial de la diócesis de Roma, 17 de junio de 2013

La Iglesia crece por atracción

La Iglesia, nos dijo Benedicto XVI, crece por atracción, por testimonio. Y cuando la gente, los pueblos ven este testimonio de humildad, de mansedumbre, de dulzura, sienten la necesidad de la que habla el profeta Zacarías: «¡Queremos ir contigo!». La gente siente esa necesidad ante el testimonio de la caridad. Es esta caridad pública, sin arrogancia, insuficiente, humilde, la que adora y sirve. La caridad es sencilla: adorar a Dios y servir a los demás. Este testimonio hace crecer a la Iglesia. Precisamente por eso, santa Teresita del Niño Jesús, tan humilde, pero tan confiada en Dios, fue nombrada patrona de las misiones, porque su ejemplo hace decir: queremos ir contigo.

Meditación matutina en la capilla de la Domus Sanctae Marthae, 1 de octubre 2013

Sin excluir a nadie

Remarquemos que la evangelización está esencialmente conectada con la proclamación del Evangelio a *quienes no conocen a Jesucristo o siempre lo han rechazado*. Muchos de ellos buscan a Dios secretamente, movidos por la nostalgia de su rostro, aun en países de antigua tradición cristiana. Todos tienen el derecho de recibir el Evangelio. Los cristianos tienen el deber de anunciarlo sin excluir a nadie, no como quien impone una nueva obligación, sino como quien comparte una alegría, señala un horizonte bello, ofrece un banquete deseable.

Exhortación apostólica Evangelii gaudium *14,*
24 de noviembre 2013

Comunicadores de alegría

Como cristianos tenemos la responsabilidad de ser misioneros del Evangelio. Cuando recibimos una buena noticia, o cuando vivimos una hermosa experiencia, es natural que sintamos la exigencia de compartirla también con los demás. Sentimos dentro de nosotros que no podemos contener la alegría que nos ha sido donada. Queremos extenderla. La alegría suscitada es tal que nos lleva a comunicarla. Y debería ser la misma cosa cuando encontramos al Señor. La alegría de este encuentro, de su misericordia.

Comunicar la misericordia del Señor. Es más, el signo concreto de que realmente hemos encontrado a Jesús es la alegría que sentimos al comunicarlo también a los demás. Y esto no es «hacer proselitismo», esto es hacer un don. Yo te doy aquello que me da alegría a mí.

Audiencia jubilar, 30 de enero 2016

Fundando un corazón

Transmitir la fe no es dar informaciones, sino construir un corazón, construir un corazón en la fe en Jesucristo. Por esa razón, transmitir la fe no se puede hacer mecánicamente diciendo: «toma este libro, estúdialo y después te bautizo». No, es otro el camino para transmitir la fe: es transmitir lo que nosotros hemos recibido. Y precisamente este es el desafío de un cristiano: ser fecundo en la transmisión de la fe. Pero es también el desafío de la Iglesia: ser madre fecunda, dar a luz a los hijos en la fe. Transmitir la fe … no es buscar gente que apoye a este equipo de fútbol, a este club, a este centro cultural … La fe se transmite, pero por atracción, es decir, por testimonio. … Y siempre surge la curiosidad: ¿Pero por qué esta persona vive así?

Meditaciones matutinas en la capilla de la Domus Sanctae Marthae, 3 de mayo 2018

Sin mí no pueden hacer nada

El mandato del Señor de salir y anunciar el Evangelio presiona desde dentro, por enamoramiento, por atracción amorosa. No se sigue a Cristo y mucho menos se llega a ser anunciador de Él y de su Evangelio por una decisión tomada en teoría, por un activismo autoinducido. También el impulso misionero solo puede ser fecundo si tiene lugar dentro de esta atracción, y lo transmite a los demás... Si te mueves y haces las cosas porque eres atraído por Cristo, los demás se dan cuenta sin esfuerzo. No hay necesidad de demostrarlo, y mucho menos presumirlo.

Por el contrario, quien piensa en ser el protagonista o el empresario de la misión, con todas sus buenas propuestas y sus declaraciones de intención a menudo termina no atrayendo a nadie. La misión no es un proyecto de empresa bien experimentado. Ni siquiera es un espectáculo organizado para contar la cantidad de gente que participa gracias a nuestra propaganda. El Espíritu Santo obra como quiere, cuando quiere y donde quiere. Y esto puede implicar un cierto vértigo.

Sin embargo, la cumbre de la libertad descansa precisamente en este dejarse llevar por el Espíritu, renunciando a calcular y controlar todo. Precisamente en esto imitamos a Cristo mismo, que en el misterio de su Resurrección aprendió a descansar en la ternura de los brazos del Padre. La misteriosa fecundidad de la misión no consiste en nuestras intenciones, en nuestros métodos, en nuestros ímpetus y en nuestras iniciativas, sino que descansa precisamente en este vértigo: el vértigo que se siente ante las palabras de Jesús, cuando dice «sin mí no podéis hacer nada».

Libro-entrevista Sin él no podemos hacer nada.
Ser misioneros hoy en el mundo. Una conversación
con Gianni Valente, LEV, 2020

Para ofrecer un tesoro

Alguien, un sacerdote europeo de una ciudad europea, me dijo: «Hay tanta incredulidad, tanto agnosticismo en nuestras ciudades, porque los cristianos no tienen fe. Si la tuvieran, sin duda se la darían a la gente». Falta el espíritu misionero. Porque en el fondo, falta la convicción: «Sí, soy cristiano, soy católico...». Como si fuera una actitud social. En el documento de identidad te llamas así: y entonces, «soy cristiano». Es un dato del documento. Esto no es fe. Es algo cultural.

La fe necesariamente te saca, te lleva a darla: porque la fe, esencialmente, debe transmitirse. No es silenciosa. «Ah, ¿quiere decir, Padre, que todos debemos ser misioneros e ir a países lejanos?». No, esto forma parte del espíritu misionero. Esto significa que si tienes fe, necesariamente tienes que salir de ti mismo, tienes que salir de ti mismo y mostrar tu fe socialmente. La fe es social, es para todos: «*Id por todo el mundo y proclamad el Evangelio a toda criatura*» (Mc 16,15).

Y esto no significa hacer proselitismo, como si yo fuera un equipo de fútbol que hace proselitismo o una organización benéfica. No, la fe es: «no hacer proselitismo». Es mostrar la revelación, para que el Espíritu Santo pueda actuar en las personas mediante el testimonio, como testigo, con el servicio. El servicio es una forma de vida: si digo que soy cristiano y vivo como un pagano, ¡no funciona! Esto no convence a nadie. Si digo que soy cristiano y vivo como cristiano, esto atrae. Es testimonio.

Una vez, en Polonia, un universitario me preguntó: «Pero tengo tantos compañeros ateos en la universidad. ¿Qué debería decirles para convencerlos?». «¡Nada, querido, nada! Lo último que deberías hacer es decir algo. Empieza a vivir y ellos, viendo tu testimonio, te preguntarán: "¿Pero por qué vives así?"». La fe debe transmitirse: no forzando, sino ofreciendo un tesoro.

Meditaciones matutinas en la capilla de la Domus Sanctae Marthae, 25 de abril 2020

Dios no debe ser demostrado, sino mostrado

Pedro no habló de misión, vivió la misión, era pescador de hombres; Pablo no escribió libros cultos, sino cartas vividas, mientras viajaba y daba testimonio. Ambos gastaron su vida por el Señor y por sus hermanos. Y nos provocan. Porque corremos el riesgo de quedarnos en la primera pregunta: dar pareceres y opiniones, tener grandes ideas y decir bonitas palabras, pero nunca jugándonosla. Y Jesús quiere que nos la juguemos. ¡Cuántas veces, por ejemplo, decimos que nos gustaría una Iglesia más fiel al Evangelio, más cercana a la gente, más profética y misionera, pero luego, en la práctica, no hacemos nada!

Es triste ver que muchos hablan, comentan y debaten, pero pocos dan testimonio. Los testigos no se pierden en palabras, sino que dan frutos. Los testigos no se quejan de los demás ni del mundo, empiezan por sí mismos. Nos recuerdan que *Dios no ha de ser demostrado, sino mostrado*, con el proprio testimonio; no anunciado con proclamas, sino testimoniado con el ejemplo.

Ángelus, 29 de junio 2021

El oxígeno de la vida cristiana

Se trata de una dimensión vital para la Iglesia, la comunidad de los discípulos de Jesús nace apostólica y misionera. El Espíritu Santo la plasma en salida –la Iglesia en salida, que sale–, para que no se repliegue en sí misma, sino que sea extrovertida, testimonio contagioso de Jesús –también la fe se contagia–, orientada a irradiar su luz hasta los últimos confines de la tierra. Pero puede suceder que el ardor apostólico, el deseo de alcanzar a los otros con el buen anuncio del Evangelio, disminuya, se vuelva tibio. A veces parece eclipsarse, son cristianos cerrados, no piensan en los demás. Pero cuando la vida cristiana pierde de vista el horizonte de la evangelización, el horizonte del anuncio, se enferma: se cierra en sí misma, se vuelve autorreferencial, se atrofia. Sin celo apostólico, la fe se marchita. Sin embargo, la misión es el oxígeno de la vida cristiana: la tonifica y la purifica.

Audiencia general, 11 de enero 2023

Dios sufre por el que se va

Hemos escuchado la parábola de la oveja perdida, contenida en el capítulo 15 del Evangelio de Lucas (cf vv. 4-7). Jesús habla también de la moneda perdida y del hijo pródigo. Si queremos entrenar el celo apostólico, el capítulo 15 de Lucas hay que tenerlo siempre presente. Leedlo a menudo, ahí podemos entender qué es el celo apostólico. Ahí descubrimos que Dios no está para contemplar el recinto de sus ovejas y tampoco las amenaza para que no se vayan. Más bien, si una sale y se pierde, no la abandona, sino que la busca. No dice: «¡Se ha ido, culpa suya, asunto suyo!». El corazón pastoral reacciona de otra manera: el corazón pastoral *sufre*, el corazón pastoral *arriesga*. *Sufre*: sí, Dios sufre por quien se va y, mientras lo llora, lo ama todavía más. El Señor sufre cuando nos distanciamos de su corazón.

Audiencia general, 18 de enero 2023

Dar testimonio significa irradiar

No hay ir sin estar: antes de enviar a los discípulos en misión, Cristo –dice el Evangelio– los «llamó» (cf *Mt 10,1*). El anuncio nace del encuentro con el Señor; toda actividad cristiana, sobre todo la misión, empieza ahí. No se aprende en una academia: ¡no! Empieza por el encuentro con el Señor. Testimoniarlo, de hecho, significa irradiarlo; pero, si no recibimos su luz, estaremos apagados; si no lo frecuentamos, llevaremos nosotros mismos a los demás en vez de a Él –me llevo a mí y no a Él–, y todo será en vano. Por tanto, puede llevar el Evangelio de Jesús solo la persona que está con Él. Alguien que no está con Él no puede llevar el Evangelio. Llevará ideas, pero no el Evangelio. Igualmente, sin embargo, *no hay estar sin ir*. De hecho, seguir a Cristo no es un hecho intimista: sin anuncio, sin servicio, sin misión la relación con Jesús no crece. Notemos que en el Evangelio el Señor envía a los discípulos antes de haber completado su preparación: pocos después de haberlos llamado, ¡ya les envía! Esto significa que la experiencia de la misión forma parte de la formación cristiana. Recordemos entonces estos dos momentos constitutivos para todo discípulo: estar con Jesús e ir, enviados por Jesús.

Audiencia general, 15 de febrero 2023

Dejarse sacudir por el Espíritu

Ser misionero significa dejarse sacudir por el Espíritu santo. Por favor: leed los primeros capítulos de los Hechos de los Apóstoles y ved lo que hace el Espíritu Santo. Es el Espíritu quien guía a la Iglesia, sacude los corazones. Y la esperanza nace aquí. A veces, dejarse sacudir por el Espíritu Santo puede significar salir de nuestros esquemas habituales e incluso aceptar «hacer un poco de confusión». El Espíritu Santo es Maestro.

Recuerdo una misa para niños, cuando era párroco en los barrios de San Miguel, donde casi doscientos niños venían a misa todos los domingos. Un día, era Pentecostés, les dije a los niños: «¡Sabéis quién es el Espíritu Santo?!» «Yo, yo, yo...»; «¡Tú!» «¡El paralítico!» (se ríen). «¡No! ¡El Paráclito! ¿Qué quiere decir?»; «Yo, yo yo...»; «¡Tú!»; «¡El que hace confusión!». Es verdad, el Espíritu Santo hace confusión. ¡El Espíritu Santo impulsa a la creatividad! Mirad la vida de los santos: ¡todos creativos, porque tienen el Espíritu dentro! El Espíritu Santo nos invita a anunciar el Evangelio no solo en estructuras consolidadas, sino dondequiera que se encuentren nuestros hermanos y hermanas: anunciar el Evangelio en la cotidianidad, en las alegrías, en sus heridas, en sus preguntas. El Beato padre Chevrier decía: «La pasión por Dios y por el prójimo es el principio, es la savia vital de todo, que debe producir todo en nosotros; cuando hay esto en un alma, hay todo lo que sirve. La caridad sin exterioridad vale más que una exterioridad sin caridad. Mejor el desorden con amor que el orden sin amor» (Le véritable disciple, Sion 2010, 223).

Encuentro con los responsables di Congrès Mission,
10 de enero 2025

La carta de amor
de quien nos conoce

El Evangelio es para todos

El Evangelio en su totalidad

No hay que mutilar la integralidad del mensaje del Evangelio. Es más, cada verdad se comprende mejor si se la pone en relación con la armoniosa totalidad del mensaje cristiano, y en ese contexto todas las verdades tienen su importancia y se iluminan unas a otras. Cuando la predicación es fiel al Evangelio, se manifiesta con claridad la centralidad de algunas verdades y queda claro que la predicación moral cristiana no es una ética estoica, es más que una ascesis, no es una mera filosofía práctica ni un catálogo de pecados y errores.

El Evangelio invita ante todo a responder al Dios amante que nos salva, reconociéndolo en los demás y saliendo de nosotros mismos para buscar el bien de todos. ¡Esa invitación en ninguna circunstancia se debe ensombrecer! Todas las virtudes están al servicio de esta respuesta de amor. Si esa invitación no brilla con fuerza y atractivo, el edificio moral de la Iglesia corre el riesgo de convertirse en un castillo de naipes, y allí está nuestro peor peligro. Porque no será propiamente el Evangelio lo que se anuncie, sino algunos acentos doctrinales o morales que proceden de determinadas opciones ideológicas. El mensaje correrá el riesgo de perder su frescura y dejará de tener «olor a Evangelio».

Exhortación apostólica Evangelii gaudium *39,*
24 de noviembre 2013

Una copia siempre en el bolsillo

La vida cristiana es sencilla, muy sencilla... Para ser cristianos no son necesarias cosas extrañas, cosas difíciles, cosas superfluas, no, es sencillo. El Señor nos conceda la gracia de conocer a Jesús, de adorar a Jesús y de seguir a Jesús. Para conocer a Jesús tenemos la oración, el Espíritu Santo: sí, pero un buen método es coger el Evangelio todos los días... Tengo ganas de preguntar: ¿cuántos de vosotros cogen el Evangelio todos los días y leen un pasaje? Y deciros levantad las manos: pero no lo haré, ¡tranquilos!...

Es importante llevar siempre consigo una copia del Evangelio, tal vez el de bolsillo, que es pequeño, para llevarlo en el bolsillo, en el bolso, siempre conmigo. Se dice que santa Cecilia tenía el Evangelio cerca del corazón: cerca, cerca. Teniéndolo siempre a mano, se puede leer todos los días un pasaje del Evangelio: es la única manera de conocer a Jesús, de saber lo que ha hecho, lo que ha dicho. Es fundamental leer la historia de Jesús: sí, el Evangelio es la historia de Jesús, la vida de Jesús, es Jesús mismo, es el Espíritu Santo que nos hace ver a Jesús allí... Por favor, hagan esto: todos los días un pasaje del Evangelio, pequeñín, tres minutos, cuatro, cinco... es el Espíritu Santo quien hace la obra después. Esta es la semilla. Quien hace germinar y crecer la semilla es el Espíritu Santo.

Meditación matutina en la capilla de la Domus Sanctae Marthae, 9 de enero 2017

¡Homilías bien preparadas y... breves!

Quien hace la homilía debe ser consciente de que no está haciendo algo propio, está predicando, dando voz a Jesús, está predicando la Palabra de Jesús. Y la homilía debe estar bien preparada, debe ser breve, ¡breve!

Me decía un sacerdote que una vez había ido a otra ciudad donde vivían los padres y el padre le dijo: «¡Sabes, estoy contento, porque con mis amigos hemos encontrado una iglesia donde se hace la misa sin homilía!». Y cuántas veces vemos que en la homilía algunos se duermen, otros hablan o salen fuera a fumar un cigarrillo... Por esto, por favor, que sea breve, la homilía, pero que esté bien preparada. ¿Y cómo se prepara una homilía, queridos sacerdotes, diáconos, obispos? ¿Cómo se prepara? Con la oración, con el estudio de la Palabra de Dios y haciendo una síntesis clara y breve, no debe durar más de 10 minutos, por favor.

Concluyendo, podemos decir que, en la Liturgia de la Palabra, a través del Evangelio y la homilía, Dios dialoga con su pueblo, el cual lo escucha con atención y veneración y, al mismo tiempo, lo reconoce presente y operante. Si, por tanto, nos ponemos a la escucha de la «buena noticia», seremos convertidos y transformados por ella, por tanto, capaces de cambiarnos a nosotros mismos y al mundo. ¿Por qué? Porque la Buena Noticia, la Palabra de Dios entra por las orejas, va al corazón y llega a las manos para hacer buenas obras.

Audiencia general, 7 de febrero 2018

El pasaje que más le gusta

LEONARDO *¡Hola Papa Francisco! Quería saber una cosa, ¿cuál es tu pasaje del Evangelio preferido? ¿Por qué?*

PAPA FRANCISCO: El Evangelio está lleno de pasajes hermosos. Pero tú me preguntas cuál es el preferido. Yo te contestaré a condición de que cuando volváis a casa, busquéis en el Evangelio el pasaje y lo leáis. ¿Prometido?

NIÑOS: ¡Sí!

PAPA FRANCISCO: Un pasaje que me gusta mucho es el del Evangelio según Mateo, cuando Jesús encuentra a ese hombre de negocios, ese traidor de la patria que se llamaba Mateo. Estaba justo a la puerta de la ciudad, agarrado al dinero, y cobraba los impuestos a los turistas. ¿Vosotros habéis pagado algún impuesto para entrar aquí?

NIÑOS: ¡No!

PAPA FRANCESCO: ¡No! Supongo que no hay ningún Mateo aquí, ¡gracias a Dios! No os hacen pagar la entrada. Está bien. Y ese hombre era un traidor de la patria porque cobraba impuestos y se los daba al ejército que ocupaba Palestina en aquella época —era el ejército romano—; se los daba a los romanos. Y este es un pecado feo, ¿no? ¡Pero qué feo! ¡Una persona tacaña es una mala persona! Pero este más, porque se había olvidado de su pertenencia a la patria; cada vez que cobraba impuesto a cada uno, vendía la patria. Y Jesús pasa —todos despreciaban a esta gente— Jesús pasa, lo mira y le dice «Levántate, ven». Este hombre no se lo puede creer. Un hombre despreciado, traidor, pecador...Y ese hombre se levantó y siguió a Jesús. ¿Por qué me gusta? —la segunda pregunta— porque allí se ve la capacidad que tiene Jesús de cambiar un corazón. Y este era uno de los peores, pero Jesús consiguió cambiarlo. Quizás vosotros conozcáis personas que dicen: «Ah yo nunca podré ser bueno, porque tengo muchas cosas a la espalda, nunca podré cambiar...». Y Jesús es capaz de cambiar al más malo y hacer de él un evangelista, un apóstol y un santo. Por esta razón me gusta mucho este pasaje del Evangelio, porque se ve la fuerza que tiene Jesús para cambiar nuestros corazones, para hacerlos buenos. No os olvidéis de la promesa: ¿cuál era la promesa?

Niños: Leer el Evangelio.

Diálogo con los niños en la visita pastoral
a la parroquia romana de S. Paolo della Croce
a Corviale, 15 de abril 2018

Lejos de todo fundamentalismo

El papel del Espíritu Santo en la Sagrada Escritura es fundamental. Sin su acción, el riesgo de permanecer encerrados en el mero texto escrito estaría siempre presente, facilitando una interpretación fundamentalista, de la que es necesario alejarse para no traicionar el carácter inspirado, dinámico y espiritual que el texto sagrado posee.

Como recuerda el Apóstol: «La letra mata, mientras que el Espíritu da vida» (*2Cor* 3,6). El Espíritu Santo, por tanto, transforma la Sagrada Escritura en Palabra viva de Dios, vivida y transmitida en la fe de su pueblo santo… Cuando la Sagrada Escritura se lee con el mismo Espíritu que fue escrita, permanece siempre nueva. El Antiguo Testamento no es nunca viejo en cuanto que es parte del Nuevo, porque todo es transformado por el único Espíritu que lo inspira. Todo el texto sagrado tiene una función profética: no se refiere al futuro, sino al presente de aquellos que se nutren de esta Palabra. …Quien se alimenta de la Palabra de Dios todos los días se convierte, como Jesús, en contemporáneo de las personas que encuentra; no tiene tentación de caer en nostalgias estériles por el pasado, ni en utopías desencarnadas hacia el futuro.

Carta apostólica Aperuit illis 9.12,
30 de septiembre 2019

Apagar el móvil y abrir el Evangelio

No renunciemos a la Palabra de Dios. Es la carta de amor escrita para nosotros por Aquel que nos conoce como nadie más. Leyéndola, sentimos nuevamente su voz, vislumbramos su rostro, recibimos su Espíritu. La Palabra nos acerca a Dios; no la tengamos lejos. Llevémosla siempre con nosotros, en el bolsillo, en el teléfono; démosle un sitio digno en nuestras casas. Pongamos el Evangelio en un lugar donde nos recordemos abrirlo cada día, si es posible al inicio y al final de la jornada, de modo que entre tantas palabras que llegan a nuestros oídos llegue al corazón algún versículo de la Palabra de Dios. Para poder hacer esto, pidamos al Señor la fuerza de apagar la televisión y abrir la Biblia; de desconectar el móvil y abrir el Evangelio.

Homilía de la Santa Misa en el Domingo de la Palabra de Dios, 24 de enero 2021

No una idea, sino el Cristo vivo

El amor no se hace por correo, solo: a veces, pero son las excepciones. El amor es el contacto continuo, es el hablar continuo, escuchar... Por eso insisto en que los fieles tengan un contacto directo con los Evangelios... Si tú no tienes contacto con el Cristo vivo, el del Evangelio, seguramente tendrás contacto con las ideas, las ideologías sobre el Evangelio, es decir: no con el Cristo vivo, sino con las doctrinas que salen del Cristo vivo, de las cuales algunas son verdaderas, pero otras no.

Y la redención no fue hecha por una enseñanza, sino por una persona. Seguramente podríamos –¡seguramente!– conocer todos los dogmas; pero si tú no tienes un contacto con el Evangelio, solo serás católico aquí [el Papa indica la cabeza, ndr] y no aquí [indica el corazón, ndr]. Y hay que ser católico, ser cristiano a través del contacto con Jesús.

Programa Volti dei Vangeli, Raiuno, 17 de abril 2022

Entrar en las escenas del Evangelio

En cada página del Evangelio hay miradas, es la manera en que las personas encuentran a Jesús. También están las miradas de los doctores de la Ley, de aquellos que buscaban ponerlo a la prueba, y también las miradas asombradas de aquellos que no entendían. Es importante la mirada, son importantes las miradas. No basta solo leer, no basta escuchar, es bonito entrar en primera persona en los episodios evangélicos, componiendo en la mente y en el corazón la mirada de Jesús. Imaginar, por ejemplo, sus ojos posarse, en muchas personas, sobre una pobre viuda que dona una pequeña limosna al Templo: la mirada de Jesús escrutaba los maestros de la Ley que paseaban por el Templo para hacerse notar y mostrarse perfectos, Pero luego es atraído por esa viuda que dona dos monedas, dos centavos, más que todos porque era todo lo que tenía. Esa mirada es la canonización de la generosidad.

Introducción al libro de Andrea Tornielli Vida de Jesús, Grupo comunicación Loyola, 2022

No es algodón de azúcar

El Evangelio debe ser fuente de genialidad, de sorpresa, capaz de sacudir en lo profundo. Lo peor que puede suceder es traducir el poder del lenguaje evangélico en algodón de azúcar: amortiguar el impacto de las palabras, suavizar los ángulos de las frases, domesticar el sentido del discurso. ¡Qué importantes son las palabras!

Los artistas, los escritores, precisamente por la naturaleza de su inspiración, son capaces de custodiar la fuerza del discurso evangélico. Hoy resuena en el mundo un «eco de plomo», para usar una expresión del poeta jesuita Gerard Manley Hopkins. Hago un llamamiento: en este tiempo de crisis del orden mundial, de guerras y grandes polarizaciones, de paradigmas rígidos, de grandes desafíos a nivel climático y económico, necesitamos la genialidad de un lenguaje nuevo, de historias e imágenes poderosas, de escritores, poetas, artistas capaces de gritar al mundo el mensaje evangélico, de hacernos ver a Jesús.

Prefacio del libro de Antonio Spadaro Una trama divina. Jesús en plano inverso, *Marsilio, 2023*

Jesús siempre invade

La Palabra de Dios es para todos. El Evangelio nos presenta a Jesús siempre en movimiento, en camino hacia los demás. En ninguna ocasión de su vida pública nos da la idea de que sea un maestro estático, un doctor sentado en una cátedra; al contrario, lo vemos como itinerante, lo vemos peregrino, recorriendo pueblos y aldeas, encontrando rostros e historias. *Sus pies son los del mensajero que anuncia la buena nueva del amor de Dios* (cf Is 52,7-8).

En la Galilea de las naciones, en el camino del mar, más allá del Jordán, donde Jesús fue a predicar, se hallaba –señala el texto– *un pueblo sumido en las tinieblas: extranjeros, paganos, mujeres y hombres de diversas regiones y culturas* (cf Mt 4,15-16). Ahora ellos también pueden ver la luz. Y así Jesús «ensancha las fronteras»: la Palabra de Dios, que sana y levanta, no está destinada solo a los justos de Israel, sino a todos; quiere llegar a los lejanos, quiere sanar a los enfermos, quiere salvar a los pecadores, quiere reunir a las ovejas perdidas y levantar a los que tienen el corazón cansado y agobiado.

Jesús, en definitiva, «va más allá» para decirnos que la misericordia de Dios es para todos. No, nos olvidemos de esto: la misericordia de Dios es para todos y cada uno de nosotros. «La misericordia de Dios es para mí», esto puede decírselo cada uno cada uno a sí mismo… Y si la salvación está destinada a todos, incluso a los más lejanos y perdidos, entonces el anuncio de la Palabra debe convertirse en la principal urgencia de la comunidad eclesial, como lo fue para Jesús.

Homilía de la Santa Misa en el Domingo de la Palabra de Dios, 22 de enero de 2023

La centralidad de los pobres en el Evangelio

Algún hermano me ha dicho: «Padre, usted habla mucho de los pobres y poco de la clase media». Puede ser cierto, y por eso les pido perdón. Cuando el Papa habla, habla para todos porque la Iglesia es para todos. Pero no puede sustraerse de la centralidad de los pobres en el Evangelio. Y esto no es comunismo, es Evangelio puro. No es el Papa, sino Jesús, quien los pone al centro, en ese lugar. Es una cuestión de nuestra fe y no se puede negociar. Si tu no aceptas eso, no eres cristiano.

Algún hermano también me dijo: «No sea tan duro con los ricos». Jesús fue más duro que yo, y vean lo que dice de los ricos: «¡Ay de vosotros, los ricos!», y les da… «No sea tan duros con los ricos». Reconozco, claro, que los empresarios crean puestos de trabajo, contribuyen al desarrollo económico. Es justo decirlo. Lo dije últimamente en Singapur, viendo el magnífico bosque de rascacielos que atestiguan ese aporte. Sin embargo, los frutos del desarrollo económico no se distribuyen bien. Esta es una realidad evidente que, si no se modifica, va a engendrar peligros cada vez mayores. Si no hay políticas, buenas políticas, políticas racionales y equitativas que afiancen la Justicia Social para que todos tengan tierra, techo y trabajo, para que todos tengan un salario justo y los derechos sociales adecuados, si no hay esto, la lógica del descarte material y el descarte humano se va a extender dejando a su paso violencia y desolación. O es la armonía de la justicia social o es la violencia después de la desolación.

Con los participantes en el Encuentro de los movimientos populares promovido por el Dicasterio para el desarrollo humano integral, 20 de septiembre de 2024

Desde las fronteras se entiende mejor

Las Periferias en el centro

El Señor no se encuentra en la introspección

Queridos sacerdotes hay que salir a experimentar nuestra unción, su poder y su eficacia redentora: en las «periferias» donde hay sufrimiento, hay sangre derramada, ceguera que desea ver, donde hay cautivos de tantos malos padrones. No es precisamente en autoexperiencias ni en introspecciones reiteradas que vamos a encontrar al Señor: los cursos de autoayuda en la vida pueden ser útiles, pero vivir nuestra vida sacerdotal pasando de un curso a otro, de método en método, lleva a hacernos pelagianos, a minimizar el poder de la gracia que se activa y crece en la medida en que salimos con fe a darnos y a dar el Evangelio a los demás; a dar la poca unción que tengamos a los que no tienen nada de nada.

Homilía de la Santa Misa del Crisma,
28 de marzo de 2013

No quedar encerrado en nuestro grupo

Cuando los cristianos nos cerramos en nuestro grupo, en nuestro movimiento, en nuestra parroquia, en nuestro ambiente, nos quedamos cerrados y nos sucede lo que a todo lo que está cerrado; cuando una habitación está cerrada, empieza a oler a humedad. Y si una persona está encerrada en esa habitación, se pone enferma. Cuando un cristiano se cierra en su grupo, en su parroquia, en su movimiento, está encerrado y se pone enfermo. Si un cristiano sale a la calle, a las periferias, puede sucederle lo que a cualquiera que va por la calle: un percance. Muchas veces hemos visto accidentes por las calles. Pero les digo una cosa: prefiero mil veces una Iglesia accidentada, y no una Iglesia enferma.

Encuentro con los participantes en el Congreso internacional sobre la catequesis, 27 de septiembre de 2013

Donde no hay Dios

Quiero subrayarlo, también porque es un elemento que viví mucho cuando estaba en Buenos Aires: la importancia de salir para ir al encuentro del otro, en las periferias, que son sitios, pero son sobre todo personas en situaciones de vida especial. Es el caso de la diócesis que tenía antes, la de Buenos Aires. Una periferia que me hacía mucho mal era encontrar en las familias de clase media niños que no sabían hacer la señal de la cruz. ¡Esta es una periferia! Os pregunto: aquí, en esta diócesis, ¿hay niños que no saben hacer la señal de la cruz? Pensad en ello. Estas son verdaderas periferias existenciales, donde no está Dios. En un primer sentido, las periferias de esta diócesis, por ejemplo, son las zonas de la diócesis que corren el riesgo de quedar al margen, fuera de las luces de los reflectores. Pero son también personas, realidades humanas de hecho marginadas, despreciadas. Son personas que tal vez se encuentran físicamente cercanas al «centro», pero espiritualmente están lejos. No tengáis miedo de salir e ir al encuentro de estas personas, de estas situaciones. No os dejéis bloquear por los prejuicios, las costumbres, rigideces mentales o pastorales, por el famoso «siempre se ha hecho así». Se puede ir a las periferias solo si se lleva la Palabra de Dios en el corazón y si se camina con la Iglesia, como san Francisco. De otro modo, nos llevamos a nosotros mismos, no la Palabra de Dios, y esto no es bueno, no sirve a nadie. No somos nosotros quienes salvamos el mundo: es precisamente el Señor quien lo salva.

Encuentro con el clero, las personas de vida consagrada y los miembros de los consejos pastorales, visita pastoral a Asís, 4 de octubre 2013

Salir de la propia comodidad

En la Palabra de Dios aparece permanentemente este dinamismo de «salida» que Dios quiere provocar en los creyentes. *Abraham aceptó la llamada a salir hacia una tierra nueva* (cf *Gn* 12,1-3). *Moisés escuchó la llamada de Dios: «Ve, yo te envío»* (*Ex* 3,10), *e hizo salir al pueblo hacia la tierra de la promesa* (cf *Ex* 3,17). *A Jeremías le dijo: «Adondequiera que yo te envíe irás»* (*Jr* 1,7). Hoy, en este «id» de Jesús, están presentes los escenarios y los desafíos siempre nuevos de la misión evangelizadora de la Iglesia, y todos somos llamados a esta nueva «salida» misionera. Cada cristiano y cada comunidad discernirá cuál es el camino que el Señor le pide, pero todos somos invitados a aceptar este llamada: salir de la propia comodidad y atreverse a llegar a todas las periferias que necesitan la luz del Evangelio.

Exortación apostólica Evangelii gaudium 20,
24 de noviembre 2013

Una Muchacha de las periferias

El Evangelio de san Lucas nos presenta a María, una muchacha de Nazaret, pequeña localidad de Galilea, en la periferia del Imperio romano y también en la periferia de Israel. Un pueblito. Sin embargo, en ella, la muchacha de aquel pueblito lejano, sobre ella, se posó la mirada del Señor, que la eligió para ser la madre de su Hijo. En vista de esta maternidad, María fue preservada del pecado original, o sea de la fractura en la comunión con Dios, con los demás y con la creación que hiere profundamente a todo ser humano. Pero esta fractura fue sanada anticipadamente en la Madre de Aquél que vino a liberarnos de la esclavitud del pecado. La Inmaculada está inscrita en el designio de Dios; es fruto del amor de Dios que salva al mundo

Ángelus, 8 de diciembre 2013

Un punto de observación diferente

Cuando hablo de periferia hablo de límites. Normalmente nosotros nos movemos en espacios que de alguna manera controlamos. Ese es el centro. Pero a medida que vamos saliendo del centro vamos descubriendo más cosas. Y cuando miramos el centro desde esas nuevas cosas que descubrimos, desde nuestras nuevas posiciones, desde esa periferia, vemos que la realidad es distinta. Una cosa es ver la realidad desde el centro y otra cosa es verla desde el último lugar a donde tú has llegado. Un ejemplo. Europa, vista desde Madrid en el siglo XVI era una cosa, pero cuando Magallanes llega al fin del continente americano y mira Europa, desde ahí entiende otra cosa. La realidad se ve mejor desde la periferia que desde el centro. También la realidad de una persona, las periferias existenciales e incluso la realidad del pensamiento. Tú puedes tener un pensamiento muy estructurado, pero cuando te confrontas con alguien que está fuera de ese pensamiento de alguna manera tienes que buscar las razones para sostener el tuyo, empieza la discusión, te enriqueces desde la periferia del pensamiento del otro.

Entrevista a «Cárcova news», 10 de marzo 2015

Cuando entro en una cárcel...

A mí me gusta decir –es un modo de decir, pero es la verdad del Evangelio– que debemos salir e ir hasta las periferias. También salir para ir a la periferia de la trascendencia divina en la oración, pero siempre salir. La cárcel es una de las periferias más feas, con más dolor. Ir a la cárcel significa, ante todo, decirse a sí mismo: «Si yo no estoy aquí, como esta, como este, es por pura gracia de Dios». Pura gracia de Dios. Si no hemos cometido estos errores, incluso estos delitos o crímenes, algunos graves, es porque el Señor nos ha llevado de la mano. No se puede entrar en la cárcel con el espíritu de «yo vengo aquí a hablarte de Dios, porque, ten paciencia, tú eres de una clase inferior, eres un pecador…». ¡No, no! Yo soy más pecador que tú, y este es mi primer paso. En la cárcel uno puede decirlo con mucha valentía; pero debemos decirlo siempre.

Cuando vamos a predicar a Jesucristo a gente que no lo conoce, o que lleva una vida que no parece muy moral, pensar que yo soy más pecador que él, porque si yo no he caído en esa situación, es por la gracia de Dios. Esta es una condición indispensable. No podemos ir a las periferias sin esta conciencia. Pablo, Pablo tenía esta conciencia. Dice de sí mismo que es el más grande pecador. También dice una palabra feísima de sí mismo: «*Soy un aborto*» (cf *1Cor* 15, 8). Pero esto está en la Biblia, es la Palabra de Dios, inspirada por el Espíritu Santo. No es poner cara de santito, como se dice de los santos. Los santos se sentían pecadores, porque habían comprendido esto.

Encuentro con las comunidades de vida cristiana,
30 de abril de 2015

No solo la caridad

A una congregación de monjas que tiene una vocación especial en Argentina, en el sur de Argentina, por la Patagonia, les dije: «Por favor, cierren la mitad de los colegios de la capital de Buenos Aires y envíen a las monjas allí, en esa periferia de la Patria»; porque de allí vendrán las nuevas contribuciones, los nuevos valores, y también vendrán las personas capaces de renovar el mundo. Ir a la periferia. Pero esto quiero subrayarlo: ir a la periferia no es solo hacer caridad. Es, en educación, llevarr de la mano por las calles hasta donde se pueda. A los Salesianos, en Turín, les dije: «Haced lo que hizo don Bosco, en aquel tiempo, donde había tantos niños de la calle, muchos. Educación de emergencia. Educación diversa».

Encuentro con los participantes en el congreso promovido por la Congregación para la educación católica, 21 de noviembre de 2015

Jesús no nació en Jerusalén con toda la corte...

El Hijo de Dios no eligió Jerusalén como lugar de su encarnación, sino Belén y Nazaret, dos pueblos periféricos, alejados del clamor de las noticias y del poder del tiempo. Sin embargo, *Jerusalén era la ciudad amada por el Señor* (cf *Is* 62,1-12), *la «ciudad santa»* (*Dn* 3,28), *elegida por Dios para habitarla* (cf *Zac* 3,2; *Sal* 132,13). *Aquí, en efecto, habitaban los maestros de la Ley, los escribas y fariseos, los sumos sacerdotes y los ancianos del pueblo* (cf *Lc* 2,46; *Mt* 15,1; *Mc* 3,22; *Jn* 1,19; *Mt* 26,3).

Por eso la elección de Belén y Nazaret nos dice que la periferia y la marginalidad son predilectas de Dios. Jesús no nace en Jerusalén con toda la corte... no: nace en una periferia y pasó su vida, hasta los 30 años, en esa periferia, trabajando como carpintero, como José. Para Jesús, las periferias y las marginalidades son predilectas. No tomar en serio esta realidad equivale a no tomar en serio el Evangelio y la obra de Dios, que sigue manifestándose en las periferias geográficas y existenciales. El Señor actúa siempre a escondidas en las periferias, también en nuestra alma, en las periferias del alma, de los sentimientos, tal vez sentimientos de los que nos avergonzamos; pero el Señor está ahí para ayudarnos a ir adelante. El Señor continúa manifestándose en las periferias, tanto en las geográficas, como en las existenciales. En particular, Jesús va en busca de los pecadores, entra en sus casas, les habla, los llama a la conversión.

Audiencia general, 17 de noviembre de 2021

Periferias del cuerpo y el alma

Me gusta cuando la gente está justo en las fronteras, en los suburbios. Simplemente porque Jesús fue a las periferias: Él fue allí a mostrar el Evangelio. Las peripecias, sean del cuerpo, sean del alma; porque hay gente que es un poco acomodada, pero tiene el alma destruida, arrancada: ir también con ellos; mucha gente necesita de la cercanía. Porque la cercanía es el estilo de Dios. Él mismo lo dice: «¿Qué pueblo tiene la divinidad tan cerca como yo estoy contigo?», en el Deuteronomio (cap. 4)... Ir a las periferias, ir a encontrar la gente que no cuenta, los rechazados de la sociedad –porque estamos viviendo la cultura del

descarte, y se descarta a la gente– ir allí es precisamente lo que hizo Jesús.

*Reunión con una delegación del Fondo Mundial
de Solidaridad, 25 de mayo de 2022*

El no nacido, el pobre, el migrante...

El cristiano se preocupa por los Descartados

Como me gustaría una Iglesia pobre
y para los pobres

Algunos no sabían por qué el Obispo de Roma ha querido llamarse Francisco. Algunos pensaban en Francisco Javier, en Francisco de Sales, también en Francisco de Asís. Les contaré la historia.

Durante las elecciones, tenía al lado al arzobispo emérito de San Pablo, y también prefecto emérito de la Congregación para el clero, el cardenal Claudio Hummes: un gran amigo, un gran amigo. Cuando la cosa se ponía un poco peligrosa, él me confortaba. Y cuando los votos subieron a los dos tercios, hubo el acostumbrado aplauso, porque había sido elegido el Papa. Y él me abrazó, me besó, y me dijo: «No te olvides de los pobres». Y esta palabra ha entrado aquí: los pobres, los pobres. De inmediato, en relación con los pobres, he pensado en Francisco de Asís. Después he pensado en las guerras, mientras proseguía el escrutinio hasta terminar todos los votos. Y Francisco es el hombre de la paz.

Y así, el nombre ha entrado en mi corazón: Francisco de Asís. Para mí es el hombre de la pobreza, el hombre de la paz, el hombre que ama y custodia la creación; en este momento, también nosotros mantenemos con la creación una relación no tan buena, ¿no? Es el hombre que nos da este espíritu de paz, el hombre pobre... Ah, ¡cómo quisiera una Iglesia pobre y para los pobres!

Encuentro con representantes de los medios,
16 de marzo de 2013

Tocar la carne de Cristo

No podemos volvernos cristianos almidonados, esos cristianos demasiado educados, que hablan de cosas teológicas mientras se toman el té, tranquilos. ¡No! Nosotros debemos ser cristianos valientes e ir a buscar a quienes son precisamente la carne de Cristo, ¡los que son la carne de Cristo! Cuando voy a confesar –ahora no puedo, porque salir a confesar... De aquí no se puede salir, pero este es otro problema–, cuando yo iba confesar en la diócesis precedente, venían algunos y siempre hacía esta pregunta: «Pero ¿usted da limosna?». «Sí, padre». «Ah, bien, bien». Y hacía dos más: «Dígame, cuando usted da limosna, ¿mira a los ojos de aquél a quien da limosna?». «Ah, no sé, no me he dado cuenta». Segunda pregunta: «Y cuando usted da la limosna, ¿toca la mano de aquel a quien le da la limosna, o le echa la moneda?».

Este es el problema: la carne de Cristo, tocar la carne de Cristo, tomar sobre nosotros este dolor por los pobres.

La pobreza, para nosotros cristianos, no es una categoría sociológica o filosófica y cultural: no; es una categoría teologal. Diría, tal vez la primera categoría, porque aquel Dios, el Hijo de Dios, se abajó, se hizo pobre para caminar con nosotros por el camino.

Encuentro con los movimientos y las asociaciones laicales, 18 de mayo de 2013

Como si fuera basura

Que algunas personas sin techo mueren de frío en la calle no es noticia. Al contrario, una bajada de diez puntos en las bolsas de algunas ciudades constituye una tragedia. Alguien que muere no es una noticia, ¡pero si bajan diez puntos las bolsas es una tragedia! Así las personas son descartadas, como si fueran residuos.

Esta «cultura del descarte» tiende a convertirse en mentalidad común, que contagia a todos. La vida humana, la persona, ya no es percibida como valor primario que hay que respetar y tutelar, especialmente si es pobre o discapacitada, si no sirve todavía –como el niño por nacer– o si ya no sirve –como el anciano–. Esta cultura del descarte nos ha hecho insensibles también al derroche y al desperdicio de alimentos, cosa aún más deplorable cuando en cualquier lugar del mundo, lamentablemente, muchas personas y familias sufren hambre y malnutrición.

Audiencia general, 5 de junio de 2013

Los muertos que nadie llora

La cultura del bienestar, que nos lleva a pensar en nosotros mismos, nos hace insensibles al grito de los otros, nos hace vivir en pompas de jabón, que son bonitas, pero no son nada, son la ilusión de lo fútil, de lo provisional, que lleva a la indiferencia hacia los otros, o mejor, lleva a la globalización de la indiferencia.

En este mundo de la globalización hemos caído en la globalización de la indiferencia. ¡Nos hemos acostumbrado al sufrimiento del otro, no tiene que ver con nosotros, no nos importa, no nos concierne!... ¿Quién ha llorado por la muerte de estos hermanos y hermanas? ¿Quién ha llorado por esas personas que iban en la barca? ¿Por las madres jóvenes que llevaban a sus hijos? ¿Por estos hombres que deseaban algo para mantener a sus propias familias? Somos una sociedad que ha olvidado la experiencia de llorar, de «sufrir con»: ¡la globalización de la indiferencia nos ha quitado la capacidad de llorar!

Homilía de la Santa Misa en el campo deportivo «Arena» de Lampedusa, 8 de julio de 2013

Una cultura del descarte

Lamentablemente en nuestra época, tan rica por muchas conquistas y esperanzas, no faltan poderes y fuerzas que acaban produciendo una cultura del descarte; y ésta tiende a convertirse en mentalidad común. Las víctimas de dicha cultura son precisamente los seres humanos más débiles y frágiles –los niños por nacer, los más pobres, los ancianos enfermos, los discapacitados graves...–, que corren el riesgo de ser «descartados», expulsados por un engranaje que debe ser eficiente a toda costa. Este falso modelo de hombre y de sociedad realiza un ateísmo práctico, negando, de hecho, la Palabra de Dios que dice: «*Hagamos al hombre a nuestra imagen y semejanza*» (cf *Gén* 1,26). En cambio, si nos dejamos interrogar por esta Palabra, si dejamos que ella interpele nuestra conciencia personal y social, si dejamos que ponga en tela de juicio nuestros modos de pensar y de obrar, los criterios, las prioridades y las opciones, entonces las cosas pueden cambiar. La fuerza de esta Palabra pone límites a quien quiera llegar a ser hegemónico prevaricando contra los derechos y la dignidad de los demás. Al mismo tiempo, dona esperanza y consuelo a quien no es capaz de defenderse, a quien no dispone de medios intelectuales y prácticos para afirmar el valor del propio sufrimiento, de los propios derechos, de la propia vida.

Encuentro con la delegación del Instituto
Dignitatis humanae, 7 de diciembre de 2013

Dicen que el Papa es comunista...

No se puede abordar el escándalo de la pobreza promoviendo estrategias de contención que únicamente tranquilicen y conviertan a los pobres en seres domesticados e inofensivos. Qué triste ver cuando detrás de supuestas obras altruistas, se reduce al otro a la pasividad, se lo niega o peor, se esconden negocios y ambiciones personales: Jesús les diría hipócritas. Qué lindo es en cambio cuando vemos en movimiento a Pueblos, sobre todo, a sus miembros más pobres y a los jóvenes. Entonces sí se siente el viento de promesa que aviva la ilusión de un mundo mejor. Que ese viento se transforme en vendaval de esperanza. Ese es mi deseo.

Este encuentro nuestro responde a un anhelo muy concreto, algo que cualquier padre, cualquier madre quiere para sus hijos; un anhelo que debería estar al alcance de todos, pero hoy vemos con tristeza cada vez más lejos de la mayoría: tierra, techo y trabajo. Es extraño, pero si hablo de esto para algunos resulta que el Papa es comunista.

No se entiende que el amor a los pobres está al centro del Evangelio. Tierra, techo y trabajo, eso por lo que ustedes luchan, son derechos sagrados. Reclamar esto no es nada raro, es la doctrina social de la Iglesia.

Con los participantes en el Encuentro mundial de los movimientos populares, 28 de octubre de 2014

La gracia que nos dan los pobres

La vulnerabilidad nos une a todos. Todos somos vulnerables, y para trabajar en Cáritas hay que reconocer esa palabra, pero reconocerla hecha carne en el corazón. Acudir a pedir ayuda, es decir: «Soy vulnerable»; y ayudar bien, se hace solo a partir de la propia vulnerabilidad. Es el encuentro de heridas diversas, de debilidades diferentes, pero todos somos débiles, todos somos vulnerables.

También Dios ha querido hacerse vulnerable por nosotros. Es uno de nosotros y ha sufrido: no tener casa donde nacer, ha sufrido la persecución, huir a otro país, migrante; ha sufrido la pobreza. Dios se ha hecho vulnerable. ¡Y por eso nosotros podemos hablar con Jesús, porque es uno de nosotros! Es misterioso: cuando tocas esa llaga, te das cuenta de la tuya. Y esta es la gracia que nos dan los pobres, la gracia que nos da la vulnerabilidad de los pobres: saber que también nosotros somos vulnerables. Esto es muy hermoso, porque significa que también nosotros necesitamos salvación, alguien que nos diga una palabra buena: los voluntarios, incluso los sacerdotes... Todos necesitamos un hermano, Jesús. Necesitamos salvación, necesitamos cuidado.

Encuentro con los voluntarios en la Ciudadela de la caridad, 29 de noviembre de 2018

Contra el trabajo esclavo

En la historia hemos leído de las brutalidades que cometieron con los esclavos: los llevaban de África a América –pienso en esa historia que toca a mi tierra– y nosotros decimos «¡cuánta barbarie!»... Pero aún hoy hay tantos esclavos, tantos hombres y mujeres que no son libres para trabajar: se les obliga a trabajar, para sobrevivir, nada más. Son esclavos: trabajo forzado... Son trabajos forzados, injustos, mal pagados y que llevan al hombre a vivir con su dignidad pisoteada.

Hay muchos, muchos en el mundo. Muchos.... La esclavitud actual es nuestra indignación, porque quita la dignidad al hombre, a la mujer, a todos nosotros. «No, yo trabajo, tengo mi dignidad»: sí, pero tus hermanos, no. «Sí, padre, es verdad, pero esto, como está tan lejos, me cuesta entenderlo. Pero aquí, entre nosotros...»: aquí también, entre nosotros. Aquí, entre nosotros. Piensa en los trabajadores, en los que trabajan a jornada, que los haces trabajar por un salario ínfimo y no ocho, sino doce, catorce horas al día: esto sucede hoy, aquí. En todo el mundo, pero también aquí. Piensa en la empleada del hogar que no tiene un salario justo, que no tiene asistencia de la seguridad social, que no tiene jubilación: esto no ocurre solo en Asia. Sucede aquí.

Meditación matutina en la capilla de la Domus Sanctae Marthae, 1 de mayo de 2020

Niños y ancianos descartados

Pero ahí está el descarte de los niños que no queremos recibir, con esa ley del aborto que los envía al remitente y los mata directamente. Y hoy en día esto se ha convertido en una forma «normal», un hábito que es muy feo, es realmente un homicidio, y para entenderlo bien quizás nos ayude hacernos una doble pregunta: ¿es justo eliminar, quitar una vida humana para resolver un problema? ¿Es justo contratar a un sicario para resolver un problema? Esto es el aborto.

Y luego, por otro lado, los mayores: los mayores también son un poco «material de descarte», porque no sirven para nada... Pero son sabiduría, son las raíces de la sabiduría de nuestra civilización, y esta civilización los descarta. Sí, incluso en muchos lugares existe la ley de la eutanasia «encubierta», como yo la llamo: es la ley de «los medicamentos son caros, solo se da la mitad», y esto significa acortar la vida de los ancianos. Con esto negamos la esperanza: la esperanza de los niños que nos traen la vida que nos hacen salir adelante, y la esperanza que está en las raíces que nos dan los mayores. Descartamos ambos.

Discurso a la asamblea plenaria de la Pontificia Academia para la Vida, 27 de septiembre 2021

La guerra genera nuevos pobres

¡Cuántos pobres genera la insensatez de la guerra! Dondequiera que se mire, se constata cómo la violencia afecta a los indefensos y a los más débiles. Deportación de miles de personas, especialmente niños y niñas, para desarraigarlos e imponerles otra identidad. Se vuelven actuales las palabras del Salmista ante la destrucción de Jerusalén y el exilio de los jóvenes hebreos: «*Junto a los ríos de Babilonia / nos sentábamos a llorar, / acordándonos de Sión. / En los sauces de las orillas / teníamos colgadas nuestras cítaras. / Allí nuestros carceleros / nos pedían cantos, / y nuestros opresores, alegría. / [...] ¿Cómo podíamos cantar un canto del Señor / en tierra extranjera?*» (*Sal* 137,1-4). Millones de mujeres, niños y ancianos se ven obligados a afrontar el peligro de las bombas para salvarse, buscando refugio en países vecinos. Quienes permanecen en zonas de conflicto viven a diario con miedo y falta de comida, agua, atención médica y, sobre todo, afecto. En estos tiempos, la razón se oscurece y quienes sufren las consecuencias son muchas personas comunes, que se suman al ya elevado número de indigentes.

Mensaje para el Día Mundial de los Pobres, 2022

La gente y el medio ambiente se deterioran juntos

Respetar la Creación es justicia

Dios perdona, la naturaleza no

El cuidado de la creación es precisamente la custodia del don de Dios y es decir a Dios: «Gracias, yo soy el custodio de la creación para hacerla progresar, jamás para destruir tu don». Esta debe ser nuestra actitud respecto a la creación: custodiarla, porque si nosotros destruimos la creación, la creación nos destruirá. No olvidéis esto. Una vez estaba en el campo y escuché un dicho de una persona sencilla, a la que le gustaban mucho las flores y las cuidaba. Me dijo: «Debemos cuidar estas cosas hermosas que Dios nos ha dado; la creación es para nosotros, para que la aprovechemos bien; no explotarla, sino custodiarla, porque *Dios perdona siempre, nosotros los hombres perdonamos algunas veces, pero la creación no perdona nunca, y si tú no la cuidas ella te destruirá*». Esto debe hacernos pensar y debe hacernos pedir al Espíritu Santo el don de ciencia para comprender bien que la creación es el regalo más hermoso de Dios. Él hizo muchas cosas buenas para la cosa mejor que es la persona humana.

Audiencia general, 21 de mayo 2014

Nuestra hermana, madre tierra

«Laudato si', mi' Signore» – «Alabado seas, mi Señor», cantaba san Francisco de Asís. En ese hermoso cántico nos recordaba que nuestra casa común es también como una hermana, con la cual compartimos la existencia, y como una madre bella que nos acoge entre sus brazos: «Alabado seas, mi Señor, por la hermana nuestra madre tierra, la cual nos sustenta, y gobierna y produce diversos frutos con coloridas flores y hierba».

Esta hermana clama por el daño que le provocamos a causa del uso irresponsable y del abuso de los bienes que Dios ha puesto en ella. Hemos crecido pensando que éramos sus propietarios y dominadores, autorizados a expoliarla. La violencia que hay en el corazón humano, herido por el pecado, también se manifiesta en los síntomas de enfermedad que advertimos en el suelo, en el agua, en el aire y en los seres vivientes. Por eso, entre los pobres más abandonados y maltratados, está nuestra oprimida y devastada tierra, que «*gime y sufre dolores de parto*» (*Rm* 8,22). *Olvidamos que nosotros mismos somos tierra* (cf *Gn* 2,7). Nuestro propio cuerpo está constituido por los elementos del planeta, su aire es el que nos da el aliento y su agua nos vivifica y restaura.

Encíclica Laudato si' nº 1-2, 24 de mayo 2015

No es una encíclica verde, sino social

Esa cultura del cuidado del ambiente no es una actitud solamente –lo digo en buen sentido– «verde», no es una actitud «verde», es mucho más. Es decir, cuidar el ambiente significa una actitud de ecología humana. O sea, no podemos decir: la persona está aquí y el *Creato*, el ambiente, está allí. La ecología es total, es humana. Eso es lo que quise expresar en la Encíclica «Laudato Si»: que no se puede separar al hombre del resto, hay una relación de incidencia mutua, sea del ambiente sobre la persona, sea de la persona en el modo como trata el ambiente; y también, el efecto de rebote contra el hombre cuando el ambiente es maltratado. Por eso, frente a una pregunta que me hicieron yo dije: «no, no es una encíclica "verde", es una encíclica social». Porque dentro del entorno social, de la vida social de los hombres, no podemos separar el cuidado del ambiente.

Intervención en el workshop Modern slavery
and climate change, 21 de julio 2015

Pagan los más pobres

Nuestra propensión a interrumpir los delicados y equilibrados ecosistemas del mundo, nuestro deseo insaciable de manipular y controlar los recursos limitados del planeta, y nuestra codicia ilimitada de ganancias en los mercados, todo esto nos ha alejado del sentido original de la creación. No respetamos ya la naturaleza como un regalo compartido; por el contrario, la consideramos una posesión privada. Ya no nos relacionamos con la naturaleza para sostenerla, sino que la dominamos para sostener nuestras propias invenciones.

Las consecuencias de esta cosmovisión alternativa son trágicas y duraderas. El medioambiente humano y el de la naturaleza se están deteriorando juntos, y este deterioro del planeta recae sobre las personas más vulnerables. El impacto del cambio climático afecta, ante todo y más que nada, a los que viven en la pobreza en todos los rincones del mundo.

Nuestra obligación de usar los bienes de la tierra con responsabilidad implica el reconocimiento y el respeto de todas las personas y de todos los seres vivos. La urgente llamada y el desafío de cuidar la creación son una invitación dirigida a toda la humanidad para que trabaje en favor de un desarrollo sostenible e integral.

Mensaje conjunto con el patriarca Bartolomé para la Jornada mundial de oración por la creación, 1 de septiembre de 2017

Queridos pueblos de la Amazonia...

Permítanme una vez más decir: ¡Alabado seas Señor por esta obra maravillosa de tus pueblos amazónicos y por toda la biodiversidad que estas tierras envuelven! Este canto de alabanza se entrecorta cuando escuchamos y vemos las profundas heridas que llevan consigo la Amazonia y sus pueblos. Y he querido venir a visitarlos y escucharlos, para estar juntos en el corazón de la Iglesia, unirnos a sus desafíos y con ustedes reafirmar una opción sincera por la defensa de la vida, defensa de la tierra y defensa de las culturas.

Probablemente los pueblos originarios amazónicos nunca hayan estado tan amenazados en sus territorios como lo están ahora. La Amazonia es tierra disputada desde varios frentes: por una parte, el neo-extractivismo y la fuerte presión por grandes intereses económicos que apuntan su avidez sobre petróleo, gas, madera, oro, monocultivos agroindustriales.

Por otra parte, la amenaza contra sus territorios también viene por la perversión de ciertas políticas que promueven la «conservación» de la naturaleza sin tener en cuenta al ser humano y, en concreto, a ustedes hermanos amazónicos que habitan en ellas. Sabemos de movimientos que, en nombre de la conservación de la selva, acaparan grandes extensiones de bosques y negocian con ellas generando situaciones de opresión a los pueblos originarios para quienes, de este modo, el territorio y los recursos naturales que hay en ellos se vuelven inaccesibles.

Encuentro con los pueblos de la Amazonia,
Puerto Maldonado, 19 enero 2018

Tras las huellas de Benedicto

Ya mi predecesor, Benedicto XVI, denunciaba «la devastación ambiental de la Amazonia y las amenazas a la dignidad humana de sus poblaciones». Quiero agregar que muchos dramas estuvieron relacionados con una falsa «mística amazónica». Notoriamente desde las últimas décadas del siglo pasado, la Amazonia se presentó como un enorme vacío que debe ocuparse, como una riqueza en bruto que debe desarrollarse, como una inmensidad salvaje que debe ser domesticada. Todo esto con una mirada que no reconoce los derechos de los pueblos originarios o sencillamente los ignora como si no existieran o como si esas tierras que ellos habitan no les pertenecieran.

Aun en los planes educativos de niños y jóvenes, los indígenas fueron vistos como intrusos o usurpadores. Sus vidas, sus inquietudes, su manera de luchar y de sobrevivir no interesaban, y se los consideraba más como un obstáculo del cual librarse que como seres humanos con la misma dignidad de cualquier otro y con derechos adquiridos.

Exhortación apostólica Querida Amazonia 12,
2 de febrero 2020

Mi «conversión» ecológica

En 2007 se celebró la Conferencia del Episcopado Latinoamericano en Brasil, en Aparecida. Estuve en el grupo de redactores del documento final, y llegaron propuestas sobre la Amazonia. Yo decía «Pero estos brasileños, ¡qué pesados con esta Amazonia! ¿Qué tiene que ver Amazonia con la evangelización?». Ese era yo en 2007. Luego, en 2015, salió *la Laudato si'*. Tuve un camino de conversión, de comprensión del problema ecológico. ¡Antes no entendía nada!

Cuando fui a Estrasburgo, a la Unión Europea, el presidente franceses Hollande envió a recibirme a la ministra de Medio Ambiente, Ségolène Royale. Hablamos en el aeropuerto... Al principio no mucho, porque ya había un programa, pero luego, al final, antes de salir, tuvimos que esperar un poco y hablamos más. Y la Sra. Ségolène Royale me dijo esto: «¿Es verdad que está escribiendo algo sobre ecología?» –*c était vrai!*– «¡Por favor, publíquelo antes de la reunión de París!». Llamé al equipo que lo estaba haciendo –para que sepáis que yo no la escribí por mi cuenta, había un equipo de científicos, un equipo de teólogos y todos hicimos esta reflexión juntos–, llamé a este equipo y dije: «Esto debe salir antes de la reunión de París» «¿Pero por qué?». «Para presionar». De Aparecida a *Laudato si'* para mí fue un camino interior.

Encuentro con un grupo de expertos que colaboran con la Conferencia de los obispos franceses sobre el tema de la Laudato si', 3 de septiembre 2020

Pararse a contemplar

Hoy en día, la naturaleza que nos rodea ya no es admirada, contemplada, sino «devorada». Nos hemos vuelto voraces, dependientes de los beneficios y de los resultados inmediatos y a cualquier precio.

La mirada sobre la realidad es cada vez más rápida, distraída, y superficial, mientras que en poco tiempo se queman las noticias y los bosques. Enfermos de consumo: esta es nuestra enfermedad, enfermos de consumo. Nos afanamos por la última «*app*», pero ya no sabemos los nombres de nuestros vecinos, y mucho menos sabemos distinguir un árbol de otro.

Y lo que es más grave, con este modo de vida se pierden las raíces, se pierde la gratitud por lo que hay y por quienes nos lo han dado. Para no olvidar hay que volver a la contemplación; para no distraerse con mil cosas inútiles hay que encontrar el silencio; para que el corazón no enferme hay que detenerse. No es fácil. Es necesario, por ejemplo, liberarse de la prisión del móvil, para mirar a los ojos a los que están a nuestro lado y a la creación que se nos ha dado.

Con los participantes en el encuentro de las comunidades 'Laudato si', 12 de septiembre 2020

Ecología integral

Hace cinco años escribí la Encíclica *Laudato si'*, dedicada al cuidado de nuestra casa común. Propone el concepto de «ecología integral», para responder juntos al grito de la tierra, pero también al grito de los pobres. La ecología integral es una invitación a una visión integral de la vida, partiendo de la convicción de que todo en el mundo está conectado y que, como nos ha recordado la pandemia, somos interdependientes unos de otros, y también dependientes de nuestra Madre Tierra.

De esta visión se deriva la necesidad de buscar otras formas de entender y medir el progreso, sin limitarnos solamente a la dimensión económica, tecnológica, financiera y al producto bruto, sino dando una relevancia central a la dimensión socio-ética y educativa… La ecología integral sugiere una nueva comprensión de la relación entre nosotros y con la naturaleza.

Esto lleva a una nueva economía, en la que la producción de riqueza esté dirigida hacia el bienestar integral del ser humano y al mejoramiento –no a la destrucción– de nuestra casa común. También significa una política renovada, concebida como una de las formas más altas de caridad. Sí, el amor es interpersonal, pero el amor también es político. Involucra a todos los pueblos e involucra a la naturaleza.

Videomensaje a los participantes en el evento digital de TED sobre cambio climático, Countdown, 10 de octubre de 2020

Custodiar los bienes de la creación

No desperdiciar los dones que tenemos. Resulta que en el mundo cada año se desperdicia cerca de un tercio de la producción total de alimentos. ¡Y esto mientras muchos mueren de hambre! Los recursos de la creación no se pueden usar así; los bienes deben ser custodiados y compartidos, de forma que a nadie le falte lo necesario. ¡No malgastemos lo que tenemos, difundamos una ecología de la justicia y de la caridad, del compartir!

Ángelus, 29 de enero 2023

En el campo de Dios
y en el campo del diablo

El arte sutil del Discernimiento

Buscar a Dios en todas las cosas

Un tesoro de los jesuitas es precisamente el discernimiento espiritual, que intenta reconocer la presencia del Espíritu de Dios en la realidad humana y cultural, la semilla ya plantada de su presencia en los acontecimientos, en las sensibilidades, en los deseos, en las tensiones profundas de los corazones y de los contextos sociales, culturales y espirituales. Recuerdo algo que decía Karl Rahner: el jesuita es un especialista en el discernimiento en el campo de Dios y también en el campo del diablo. No hay que tener miedo de proseguir en el discernimiento para hallar la verdad.

Y para buscar a Dios en todas las cosas, en todos los campos del saber, del arte, de la ciencia, de la vida política, social y económica se necesita estudio, sensibilidad, experiencia. Algunas de las materias que tratáis pueden incluso no tener relación explícita con una perspectiva cristiana, pero son importantes para captar el modo en el que las personas se comprenden a sí mismas y el mundo que las rodea... Es necesario también tener una atención particular respecto a la verdad, la bondad y la belleza de Dios, que deben considerarse siempre juntas, y son preciosos aliados en el compromiso en defensa de la dignidad del hombre, en la construcción de una convivencia pacífica y en custodiar con premura la creación. De esta atención nace el juicio sereno, sincero y fuerte acerca de los acontecimientos, iluminado por Cristo.

Encuentro con la comunidad de escritores de «La Civiltà cattolica», 14 de junio 2013

Signo de los tiempos

El discernimiento se realiza siempre en presencia del Señor, sin perder de vista los signos, escuchando lo que sucede, el sentir de la gente, sobre todo de los pobres. Mis decisiones, incluso las que tienen que ver con la vida normal, como el usar un coche modesto, van ligadas a un discernimiento espiritual que responde a exigencias que nacen de las cosas, de la gente, de la lectura de los signos de los tiempos. El discernimiento en el Señor me guía en mi modo de gobernar.

Pero, mire, yo desconfío de las decisiones tomadas improvisadamente. Desconfío de mi primera decisión, es decir, de lo primero que se me ocurre hacer cuando debo tomar una decisión. Suele ser un error. Hay que esperar, valorar internamente, tomarse el tiempo necesario. La sabiduría del discernimiento nos libra de la necesaria ambigüedad de la vida, y hace que encontremos los medios oportunos, que no siempre se identificarán con lo que parece grande o fuerte.

Entrevista en «La Civiltà cattolica», 19 de septiembre 2013

Ladrón de la alegría

¡No nos dejemos robar la esperanza! Esta formulación –«no nos dejemos robar...»– me vienen de las reglas de discernimiento de san Ignacio, que suele representar al diablo como ladrón. Se comporta como un capitán –dice Ignacio– que, para ganar y robar lo que desea, nos combate en nuestra parte más débil (cf *Ejercicios Espirituales*, 327). Y en nuestro caso, en el presente, yo creo que está tratando de robarnos la alegría –que es como robarnos el presente– y la esperanza –salir, caminar– que son las gracias que más pido y he pedido a la Iglesia en este tiempo.

Es importante en este punto dar un paso adelante y decir que la fe progresa cuando, en el momento presente, discernimos cómo concretar el amor en el bien posible, proporcional al bien del otro. El primer bien del otro es poder crecer en la fe. La súplica comunitaria de los discípulos: «¡*Aumenta nuestra fe!*» (*Lc* 17,6) implica la conciencia de que la fe es un bien comunitario.

Encuentro con los párrocos de Roma, 2 de marzo 2017

Más allá del rigorismo y el laxismo

Para ser expertos en el arte del discernimiento, es necesario, ante todo, familiarizarse con la escucha de la Palabra de Dios, pero también un creciente conocimiento de uno mismo, de su mundo interior, de sus afectos y temores. Para convertirse en hombres de discernimiento, es necesario ser valientes, decirse la verdad a sí mismos. El discernimiento es una elección de valentía, a diferencia de las formas más cómodas y reductivas del rigorismo y la laxitud, como he repetido muchas veces. Educar en el discernimiento significa, de hecho, escapar de la tentación de refugiarse tras una norma rígida o tras la imagen de una libertad idealizada. Educar en el discernimiento significa «exponerse», abandonar el mundo de las propias convicciones y prejuicios para abrirse a comprender cómo Dios nos habla hoy, en este mundo, en este tiempo, en este momento, y cómo me habla ahora.

Encuentro con la comunidad del seminario pontificio de Posillipo, 6 de mayo de 2017

Un zapping continuo

¿Cómo saber si algo viene del Espíritu Santo o si su origen está en el espíritu del mundo o en el espíritu del diablo? La única forma es el discernimiento, que no supone solamente una buena capacidad de razonar o un sentido común, es también un don que hay que pedir. Si lo pedimos confiadamente al Espíritu Santo, y al mismo tiempo nos esforzamos por desarrollarlo con la oración, la reflexión, la lectura y el buen consejo, seguramente podremos crecer en esta capacidad espiritual.

Hoy día, el hábito del discernimiento se ha vuelto particularmente necesario. Porque la vida actual ofrece enormes posibilidades de acción y de distracción, y el mundo las presenta como si fueran todas válidas y buenas. Todos, pero especialmente los jóvenes, están expuestos a un *zapping* constante. Es posible navegar en dos o tres pantallas simultáneamente e interactuar al mismo tiempo en diferentes escenarios virtuales. Sin la sabiduría del discernimiento podemos convertirnos fácilmente en marionetas a merced de las tendencias del momento.

Exhortación apostólica Gaudete et exsultate 166-167,
19 de marzo de 2018

Todos los imperios se derrumban

Gamaliel toma la palabra y enseña a sus hermanos a practicar el *arte del discernimi*ento ante situaciones que van más allá de los esquemas habituales. Demuestra, citando a algunos personajes que se habían hecho pasar por el Mesías, que todo proyecto humano primero puede despertar consenso y naufragar después, mientras que todo lo que viene de lo alto y lleva la «firma» de Dios está destinado a perdurar.

Los proyectos humanos siempre fracasan; tienen un tiempo, como nosotros. Pensad en tantos proyectos políticos, y en cómo cambian de un lado a otro, en todos los países. Pensad en los grandes imperios, pensad en las dictaduras del siglo pasado: se sentían muy poderosos, creían que dominaban el mundo. Y luego todos se derrumbaron. Pensad también hoy en los imperios de hoy: se derrumbarán, si Dios no está con ellos, porque la fuerza que los hombres tienen en sí mismos no es duradera. Solo la fuerza de Dios perdura.

Pensemos en la historia de los cristianos, también en la historia de la Iglesia, con tantos pecados, con tantos escándalos, con tantas cosas malas en estos dos milenios. ¿Y por qué no se ha derrumbado? Porque Dios está ahí. ... Por eso Gamaliel concluye que, si los discípulos de Jesús de Nazaret han creído a un impostor, están destinados a desvanecerse; pero si siguen a alguien que viene de Dios, es mejor renunciar a combatirles; y advierte: «*¡No sea que os encontréis luchando contra Dios!*» (*Hch* 5,39). Nos enseña a hacer este discernimiento.

Audiencia general, 18 de septiembre 2019

Nadie en tu lugar

El discernimiento es un acto importante que concierne a todos, porque las elecciones son una parte esencial de la vida. Discernir las decisiones. Uno elige la comida, la ropa, un curso de estudio, un trabajo, una relación. En todos ellos se realiza un proyecto de vida, y también se concreta nuestra relación con Dios.

En el Evangelio, *Jesús habla del discernimiento con imágenes tomadas de la vida ordinaria*; por ejemplo, describe al pescador que selecciona los peces buenos y descarta los malos; o al mercader que sabe identificar, entre muchas perlas, la de mayor valor. O el que, a*rando un campo, encuentra algo que resulta ser un tesoro* (cf *Mt* 13,44-48). A la luz de estos ejemplos, el discernimiento se presenta como un ejercicio de *inteligencia*, y también de *habilidad* y también de *voluntad*, para aprovechar el momento favorable: son condiciones para hacer una buena elección.

Es necesario inteligencia, habilidad y también voluntad para hacer una buena elección. Y también hay un coste necesario para que el discernimiento sea operativo. Para desempeñar su oficio lo mejor posible, el pescador tiene en cuenta la fatiga, las largas noches en el mar y el descarte de una parte de las capturas, aceptando una pérdida de ganancias por el bien de los destinatarios. El comerciante de perlas no duda en gastar todo para comprar esa perla; y lo mismo hace el hombre que ha tropezado con un tesoro. Situaciones inesperadas e imprevistas en las que es imprescindible reconocer la importancia y la urgencia de una decisión que hay que tomar. Cada uno debe tomar sus decisiones; no hay nadie que las tome por nosotros. En un momento determinado los adultos, libres, pueden pedir consejo, pensar, pero la decisión es propia… Tienes que decidir tú, todo el mundo tiene que decidir, y por eso es importante saber *discernir*.

Audiencia general, 31 de agosto 2022

Familiaridad con el Señor

La oración es una ayuda indispensable para el discernimiento espiritual, sobre todo cuando involucra a los afectos, consintiendo dirigirnos a Dios con sencillez y familiaridad, como se habla a un amigo.

Es saber ir más allá de los pensamientos, entrar en intimidad con el Señor, con una espontaneidad afectuosa. El secreto de la vida de los santos es la familiaridad y confidencia con Dios, que crece en ellos y hace cada vez más fácil reconocer lo que a Él le agrada. La oración verdadera es familiaridad y confidencia con Dios. No es recitar oraciones como un loro, bla, bla, bla, no. La verdadera oración es esta espontaneidad y afecto con el Señor. Esta familiaridad vence el miedo o la duda de que su voluntad no sea por nuestro bien, una tentación que a veces atraviesa nuestros pensamientos y vuelve el corazón inquieto e inseguro.

Audiencia general, 28 de septiembre 2022

La falta de la estrella

En estas catequesis estamos repasando los elementos del discernimiento. Después de la oración y el conocimiento de sí, es decir rezar y conocerse a uno mismo, hoy quisiera hablar de otro «ingrediente», por así decir, indispensable: hoy quisiera hablar del *deseo*. De hecho, el discernimiento es una forma de búsqueda, y la búsqueda nace siempre de algo que nos falta pero que de alguna manera conocemos, tenemos el olfato. ¿Este conocimiento de qué tipo es? Los maestros espirituales lo indican con el término «deseo», que, en la raíz, es una nostalgia de plenitud que no encuentra nunca plena satisfacción, y es el signo de la presencia de Dios en nosotros. El deseo no son las ganas del momento, no. La palabra italiana viene de un término latino muy hermoso, esto es curioso: *de-sidus*, literalmente «la falta de la estrella», deseo es una falta de la estrella, falta del punto de referencia que orienta el camino de la vida; esta evoca un sufrimiento, una carencia, y al mismo tiempo una tensión para alcanzar el bien que nos falta. El deseo entonces es la brújula para entender dónde me encuentro y dónde estoy yendo, es más, es la brújula para entender si estoy quieto o estoy caminando, una persona que nunca desea es una persona quieta, quizá enferma, casi muerta.

Audiencia general, 12 de octubre 2022

El libro de la propria vida

Conocer la propia historia de vida es un ingrediente –digamos así– indispensable para el discernimiento. Nuestra vida es el «libro» más valioso que se nos ha entregado, un libro que muchos lamentablemente no leen, o lo hacen demasiado tarde, antes de morir. Y, sin embargo, precisamente en ese libro se encuentra lo que se busca inútilmente por otras vías. San Agustín, un gran buscador de la verdad, lo había comprendido precisamente releyendo su vida, notando en ella los pasos silenciosos y discretos, pero incisivos, de la presencia del Señor. Al finalizar este recorrido notará con estupor: «Y he aquí que tú estabas dentro de mí y yo fuera, y por fuera te andaba buscando; y deforme como era, me lanzaba sobre las bellezas de tus criaturas. Tú estabas conmigo, pero yo no estaba contigo» (*Confesiones* X, 27.38). De aquí su invitación a cultivar la vida interior para encontrar lo que se busca: «Entra dentro de ti mismo, porque en el hombre interior reside la verdad» (*De la verdadera religión*, XXXIX, 72). Esta es una invitación que yo haría a todos vosotros, también me la hago a mí mismo: «Entra en ti mismo. Lee tu vida. Léete dentro, cómo ha sido tu recorrido. Con serenidad. Entra en ti mismo».

Audiencia general, 19 de octubre 2022

Ciudadanos de aquí abajo o allá arriba

La Mundanidad es «el» mal de la Iglesia

La alternativa del diablo

Podemos caminar cuanto queramos, podemos edificar muchas cosas, pero si no confesamos a Jesucristo, algo no funciona. Acabaremos siendo una ONG asistencial, pero no la Iglesia, Esposa del Señor. Cuando no se camina, se está parado. ¿Qué ocurre cuando no se edifica sobre piedras? Sucede lo que ocurre a los niños en la playa cuando construyen castillos de arena. Todo se viene abajo. No es consistente. Cuando no se confiesa a Jesucristo, me viene a la memoria la frase de Léon Bloy: «Quien no reza al Señor, reza al diablo». Cuando no se confiesa a Jesucristo, se confiesa la mundanidad del diablo, la mundanidad del demonio.

Homilía de la Santa Misa con los cardenales,
14 de marzo de 2013

Un peligro muy grave

Desde el primer bautizado, todos somos Iglesia y todos debemos ir por el camino de Jesús, que recorrió un camino de despojamiento, Él mismo. Se hizo siervo, servidor; quiso ser humillado hasta la Cruz.

Y si nosotros queremos ser cristianos, no hay otro camino. ¿Pero no podemos hacer un cristianismo un poco más humano –dicen–, sin cruz, sin Jesús, sin despojamiento? ¡De este modo nos volveríamos cristianos de pastelería, como buenas tartas, como buenas cosas dulces! Muy bonito, ¡pero no cristianos de verdad! Alguno dirá: «¿Pero de qué debe despojarse la Iglesia?». Debe despojarse hoy de un peligro gravísimo, que amenaza a cada persona en la Iglesia, a todos: el peligro de la mundanidad. El cristiano no puede convivir con el espíritu del mundo. La mundanidad que nos lleva a la vanidad, a la prepotencia, al orgullo. Y esto es un ídolo, no es Dios. ¡Es un ídolo! ¡Y la idolatría es el pecado más fuerte!

Encuentro con los pobres asistidos por Cáritas,
Asís, 4 de octubre de 2013

Mundanidad espiritual

La mundanidad espiritual, que se esconde detrás de apariencias de religiosidad e incluso de amor a la Iglesia, es buscar, en lugar de la gloria del Señor, la gloria humana y el bienestar personal. Es lo que el Señor reprochaba a los fariseos: «*¿Cómo es posible que creáis, vosotros que os glorificáis unos a otros y no os preocupáis por la gloria que solo viene de Dios?*» (*Jn* 5,44). Es un modo sutil de buscar «*sus propios intereses y no los de Cristo Jesús*»

(*Flp* 2,21). Toma muchas formas, de acuerdo con el tipo de personas y con los estamentos en los que se enquista. Por estar relacionada con el cuidado de la apariencia, no siempre se conecta con pecados públicos, y por fuera todo parece correcto. Pero, si invadiera la Iglesia, «sería infinitamente más desastrosa que cualquiera otra mundanidad simplemente moral».

Exhortación apostólica Evangelii gaudium 93,
24 de noviembre de 2013

Terminarán mal

«Somos ciudadanos del cielo». La ciudadanía de los enemigos de la cruz es solo terrenal: son ciudadanos del mundo, no del cielo. Y su apellido es «mundano».... «¡Estad atentos con estos!»... ¿Tendré algo de estos? ¿Tendré algo de mundanidad dentro de mí? ¿Algo de paganismo? ¿Me gusta enorgullecerme? ¿Me gusta el dinero? ¿Me gusta el orgullo, la soberbia? ¿Dónde tengo mis raíces, es decir, de dónde soy ciudadano? ¿Del cielo o de la tierra? ¿Del mundo o del espíritu mundano?». «Somos ciudadanos del cielo, de donde aguardamos un Salvador: el Señor Jesucristo». Pero ¿qué pasa con la ciudadanía de los enemigos de la cruz? «Su paradero es la perdición». «Estos cristianos barnizados acabarán mal»... Mirar hacia el final con el fin de observar «dónde te conduce la ciudadanía que tú tienes en tu corazón»: la «ciudadanía mundana a la ruina; la de la cruz de Cristo al encuentro con Él».

Meditación matutina en la capilla de la Domus Sanctae Marthae, 7 noviembre 2014

Con los cristales oscurecidos

El rico Epulón quizá era también un hombre religioso, a su estilo. Recitaba, tal vez, alguna oración; y dos o tres veces al año seguramente iba al templo para ofrecer los sacrificios y daba grandes donativos a los sacerdotes. Y ellos, con esa pusilanimidad clerical le agradecían y le hacían tomar asiento en el sitio de honor. ... Cuando el rico salía de casa, tal vez el coche con el que salía tenía los cristales oscuros para no ver hacia fuera... pero, no se... Seguramente su alma, los ojos de su alma estaban oscurecidos para no ver. Y así el rico «veía solo su vida y no se daba cuenta de lo que sucedía» a Lázaro.

Al fin de cuentas, el rico no era malo, estaba enfermo: enfermo de mundanidad. Y «la mundanidad transforma las almas, hace perder la conciencia de la realidad: viven en un mundo artificial construido por ellos... La mundanidad anestesia el alma. Y por eso, ese hombre mundano no era capaz de ver la realidad... El Evangelio no dice el nombre del rico

Epulón. ...Los mundanos han perdido el nombre y también nosotros, si tenemos el corazón mundano, hemos perdido el nombre. Pero no somos huérfanos. Hasta el final, hasta el último momento existe la seguridad de que tenemos un Padre que nos espera. Encomendémonos a Él». Y el Padre se dirige a nosotros diciéndonos «hijo», incluso «en medio de esa mundanidad: hijo». Y esto significa que «no somos huérfanos».

Meditación matutina en la capilla de la Domus Sanctae Marthae, 5 de marzo 2015

Contra el pensamiento único

La mundanidad te lleva al pensamiento único y a la apostasía. No están permitidas las diferencias: todos iguales. Y en la historia de la Iglesia, en la historia hemos visto, pienso en un caso, que las fiestas religiosas han sido cambiadas de nombre –también a la Navidad del Señor se ha puesto otro nombre– para poder borrar la identidad... Comienza por una raíz, aunque sea pequeña, y termina en la abominación de la desolación y la persecución. Este es el engaño de la mundanidad, y por eso Jesús pedía al Padre, en aquella cena: «Padre, no te pido que los quites del mundo, sino que los guardes del mundo», de esta mentalidad, de este humanitarismo que viene a ocupar el lugar del hombre verdadero, Jesucristo, que viene a quitarnos la identidad cristiana y nos lleva al pensamiento único: «Todos hacen así, ¿por qué nosotros no?». Oremos al Señor por la Iglesia, para que el Señor la proteja de toda forma de mundanidad. Que la Iglesia conserve siempre la identidad establecida por Jesucristo; que todos tengamos la identidad recibida en el bautismo; y que esta identidad no sea desechada solo por querer ser como los demás, por razones de normalidad. Que el Señor nos conceda la gracia de mantener y proteger nuestra identidad cristiana contra el espíritu de mundanidad que siempre crece, se justifica y se propaga.

Meditación matutina en la capilla de la Domus Sanctae Marthae, 16 de noviembre 2015

Sacerdotes de carrera

También el afán de hacer carrera y el «familismo» son enemigos que hay que expulsar, porque su lógica es la del poder, y el sacerdote no es un hombre de poder, sino de servicio. La hermana no es una mujer de poder, sino de servicio. Testimoniar, también, quiere decir huir de toda doblez, esa hipocresía, que tanto está ligada al clericalismo; huir de la doblez de vida, en el seminario, en la vida religiosa, en el sacerdocio. No se puede vivir una doble moral: una para el pueblo de Dios y otra dentro de casa. No, el testigo es uno solo. El testigo de Jesús le pertenece a Él para siempre. Y por amor a Él emprende una cotidiana batalla contra sus vicios y contra toda mundanidad alienante.

Encuentro con el clero, los religiosos y los seminaristas, Palermo, 15 de septiembre 2018

Peor que los Papas libertinos

El mal más grande de la Iglesia, el más grande, es la mundanidad espiritual. Una Iglesia mundana. Un gran teólogo, el cardenal de Lubac, decía que la mundanidad espiritual es el peor de los males que pueden suceder a la Iglesia, incluso peor que el mal de los Papas libertinos. Peor, dice, peor. Y esta mundanidad espiritual dentro de la Iglesia hace crecer una cosa fea, el clericalismo, que es una perversión de la Iglesia. El clericalismo que hay en la rigidez, y debajo de todo tipo de rigidez hay putrefacción, siempre. Estas son las cosas malas que suceden hoy en la Iglesia, la mundanidad espiritual crea este clericalismo que lleva a posiciones rígidas, ideológicamente rígidas, y la ideología toma el lugar del Evangelio. Sobre las actitudes pastorales digo solo dos, que son viejas: el pelagianismo y el gnosticismo. El pelagianismo es creer que con mi fuerza puedo seguir adelante. No, la Iglesia va adelante con la fuerza de Dios, la misericordia de Dios y la fuerza del Espíritu Santo. Y el gnosticismo, el místico, sin Dios, esta espiritualidad vacía... No, sin la carne de Cristo no hay entendimiento posible, sin la carne de Cristo no hay redención posible. Debemos volver al centro otra vez: «El Verbo se hizo carne». En este escándalo de la cruz, del verbo encarnado, está el futuro de la Iglesia.

Entrevista al programa Che tempo che fa,
6 de febrero de 2020

La mundanidad mata

Siempre me causa profunda impresión leer las últimas páginas del libro del padre De Lubac: «Meditación sobre la Iglesia», las últimas tres páginas, donde habla precisamente de la mundanidad espiritual. Y dice que es el peor daño que le puede pasar a la Iglesia; y no exagera, porque luego dice algunos males que son terribles, y este es el peor: la mundanidad espiritual, porque es *una hermenéutica de vida,* es una forma de vida; también un modo de vivir el cristianismo. Y para sobrevivir ante la predicación del Evangelio, odia, mata. Cuando se dice de los mártires que son asesinados por odio a la fe, sí, realmente para algunos el odio era por un problema teológico; pero no eran la mayoría. En la mayoría [de los casos] es la mundanidad que odia la fe y los mata, como lo hizo con Jesús. Es curioso: la mundanidad, alguien me puede decir: «Pero padre, esto es una superficialidad de vida...». ¡No nos engañemos! ¡La mundanidad no es superficial en absoluto! Tiene raíces profundas, raíces profundas. Es *camaleónica*, cambia, va y viene según las circunstancias, pero la sustancia es la misma: una propuesta de vida que entra en todas partes, incluso en la Iglesia. Mundanidad, hermenéutica mundana, maquillaje, se maquilla todo para que sea así.

Meditación matutina en la capilla de la Domus Sanctae Marthae, 16 de mayo 2020

Gnósticos y pelagianos

He advertido en varias ocasiones sobre una tentación peligrosa para la vida de la Iglesia que es la «mundanidad espiritual»: he hablado de ella ampliamente en la Exhortación Evangelii gaudium (nn. 93-97), identificando el gnosticismo y el neopelagianismo como los dos modos vinculados entre sí, que la alimentan. El primero reduce la fe cristiana a un subjetivismo que encierra al individuo «en la inmanencia de su propia razón o de sus sentimientos» (Evangelii gaudium, n. 94). El segundo anula el valor de la gracia para confiar solo en las propias fuerzas, dando lugar a «un elitismo narcisista y autoritario, donde en lugar de evangelizar lo que se hace es analizar y clasificar a los demás, y en lugar de facilitar el acceso a la gracia se gastan las energías en controlar» (Evangelii gaudium, n. 94). Estas formas distorsionadas del cristianismo pueden tener consecuencias desastrosas para la vida de la Iglesia.

Carta apostólica Desiderioo desideravi 17,
29 junio 2022

No nos convirtamos en «artesanos del espíritu»

Me pregunto: en este nuestro tiempo ¿qué nos pide el Señor?, ¿dónde nos orienta el Espíritu que nos ha unido y enviado como apóstoles del Evangelio? En la oración me vuelve esto: que Dios nos pide ir a fondo en la lucha contra la mundanidad espiritual. El padre Henri de Lubac, en algunas páginas de un texto que os invito a leer, definió la mundanidad espiritual como «el peligro más grande para la Iglesia –para nosotros, que somos Iglesia– la tentación más pérfida, la que siempre renace, insidiosamente, cuando las otras son vencidas». Y ha añadido palabras que me parecen muy acertadas: «Si esta mundanidad espiritual invadiera a la Iglesia y trabajara para corromperla socavando su mismo principio, sería infinitamente más desastrosa que cualquier simple mundanalidad moral» (*Meditación sobre la Iglesia*, Editorial Encuentro 2008).

Son cosas que recordé otras veces, pero me permito reiterarlas, considerándolas prioritarias: la mundanidad espiritual, de hecho, es peligrosa porque es una forma de vivir que reduce la espiritualidad a apariencia: nos lleva a ser «artesanos del espíritu», hombres revestidos de formas sagradas que en realidad siguen pensando y actuando según las modas del mundo.

Carta a los sacerdotes de la diócesis de Roma,
5 de agosto 2023

Es hermoso ajustar cuentas con Dios

Él, el único que practica una cálida Ternura

No es la virtud de los débiles

Quisiera pedir, por favor, a todos los que ocupan puestos de responsabilidad en el ámbito económico, político o social, a todos los hombres y mujeres de buena voluntad: seamos «custodios» de la creación, del designio de Dios inscrito en la naturaleza, guardianes del otro, del medio ambiente; no dejemos que los signos de destrucción y de muerte acompañen el camino de nuestro mundo. Pero, para «custodiar», también tenemos que cuidar de nosotros mismos.

Recordemos que el odio, la envidia, la soberbia ensucian la vida. Custodiar quiere decir entonces vigilar sobre nuestros sentimientos, nuestro corazón, porque ahí es de donde salen las intenciones buenas y malas: las que construyen y las que destruyen. No debemos tener miedo de la bondad, más aún, ni siquiera de la ternura. Y aquí añado entonces una ulterior anotación: el preocuparse, el custodiar, requiere bondad, pide ser vivido con ternura. En los Evangelios, san José aparece como un hombre fuerte y valiente, trabajador, pero en su alma se percibe una gran ternura, que no es la virtud de los débiles, sino más bien todo lo contrario: denota fortaleza de ánimo y capacidad de atención, de compasión, de verdadera apertura al otro, de amor. No debemos tener miedo de la bondad, de la ternura.

Homilía de la Santa Misa de inicio del pontificado,
19 de marzo 2013

Los corderos en el pecho

Cuando «el cristiano pierde la esperanza, su vida ya no tiene sentido. Es como si su vida estuviese ante un muro, ante la nada. Pero el Señor nos consuela y nos rehace con la esperanza, para seguir adelante». Lo hace también con una cercanía especial a cada uno de nosotros... porque el Señor consuela a su pueblo y consuela a cada uno de nosotros.

Es hermoso como termina hoy el pasaje de la lectura «Como un pastor que apacienta el rebaño, reúne con su brazo los corderos y los lleva sobre el pecho; cuida él mismo a las ovejas que crían». Esa imagen de llevar a los corderos en el pecho y llevar dulcemente las madres: es la imagen de la ternura. El Señor nos consuela con ternura. ... Pensemos en la ternura que tuvo con los apóstoles, con la Magdalena, con los de Emaús. ... Se acercaba con ternura: «Dame de comer». Con Tomás: «Pon tu dedo aquí». Y es siempre así. También con nosotros. Que el Señor nos dé a todos la gracia «de no tener miedo a la consolación del Señor, de estar abiertos, pedirla, buscarla porque es un consuelo que nos dará esperanza y nos hará sentir la ternura de Dios Padre».

Meditación matutina en la capilla de la Domus Sanctae Marthae, 10 de diciembre 2013

Dejarse abrazar

El mensaje que todos esperaban, que buscaban en lo más profundo de su alma, no era otro que la ternura de Dios: Dios que nos mira con ojos llenos de afecto, que acepta nuestra miseria, Dios enamorado de nuestra pequeñez.

Esta noche santa, en la que contemplamos al Niño Jesús apenas nacido y acostado en un pesebre, nos invita a reflexionar. ¿Cómo acogemos la ternura de Dios? ¿Me dejo alcanzar por él, me dejo abrazar por él, o le impido que se acerque? «Pero si yo busco al Señor» –podríamos responder–. Sin embargo, lo más importante no es buscarlo, sino dejar que sea él quien me busque, quien me encuentre y me acaricie con cariño. Ésta es la pregunta que el Niño nos hace con su sola presencia: ¿permito a Dios que me quiera? Y más aún: ¿tenemos el coraje de acoger con ternura las situaciones difíciles y los problemas de quien está a nuestro lado, o bien preferimos soluciones impersonales, quizás eficaces, pero sin el calor del Evangelio? ¡Cuánta necesidad de ternura tiene el mundo de hoy! Paciencia de Dios, cercanía de Dios, ternura de Dios.

Homilía de la Santa Misa en la solemnidad de Navidad, 24 de diciembre de 2014

El único capaz de ternura

En las costas de Libia, los 23 mártires coptos estaban seguros de que Dios no los abandonaba y se dejaron degollar diciendo el nombre de Jesús, porque sabían que Dios, pese a que les cortaban la cabeza, no los abandonaba. «¿Cómo te voy a tratar como un enemigo? Mi corazón se subleva dentro de mí y se enciende toda mi ternura».

La ternura de Dios se enciende, esa ternura cálida: es el Único capaz de calidez y de ternura. «No le voy a dar un día libre a la ira por los pecados que hiciste, por tus equivocaciones, por adorar ídolos, porque yo soy Dios, soy el Santo en medio de ti». Es una declaración de amor de Padre a sus hijos y a cada uno de nosotros. Cuántas veces pienso que le tenemos miedo a la ternura de Dios, y porque le tenemos miedo a la ternura de Dios, no dejamos que se experimente en nosotros y por eso tantas veces somos duros, severos, castigadores, somos pastores sin ternura.

Homilía de la Santa Misa en el tercer retiro mundial de los sacerdotes, 12 de junio 2015

La «Revolución» de la ternura

En este Santuario, que guarda la memoria del santo Pueblo fiel de Dios que camina en Cuba, María es venerada como Madre de la Caridad. Desde aquí Ella custodia nuestras raíces, nuestra identidad, para que no nos perdamos en caminos de desesperanza. El alma del pueblo cubano, como acabamos de escuchar, fue forjada entre dolores, penurias que no lograron apagar la fe, esa fe que se mantuvo viva gracias a tantas abuelas que siguieron haciendo posible, en lo cotidiano del hogar, la presencia viva de Dios; la presencia del Padre que libera, fortalece, sana, da coraje y que es refugio seguro y signo de nueva resurrección.

Abuelas, madres, y tantos otros que con ternura y cariño fueron signos de visitación, como María, de valentía, de fe para sus nietos, en sus familias. Mantuvieron abierta una hendija pequeña como un grano de mostaza por donde el Espíritu Santo seguía acompañando el palpitar de este pueblo. Y «cada vez que miramos a María volvemos a creer en lo revolucionario de la ternura y del cariño» (Evangelii gaudium, 288).

Generación tras generación, día tras día, estamos invitados a renovar nuestra fe. Estamos invitados a vivir la revolución de la ternura como María, Madre de la Caridad.

Homilía de la Santa Misa, Basílica de la Virgen de la Caridad del Cobre, Santiago de Cuba, 22 de septiembre 2015

El afecto del Señor

Teología y ternura parecen dos palabras distantes: la primera parece recordar el contexto académico, la segunda las relaciones interpersonales. En realidad, nuestra fe las vincula inextricablemente. La teología, de hecho, no puede ser abstracta –si fuera abstracta sería ideología– porque surge de un conocimiento existencial, nacido del encuentro con el Verbo hecho carne. La teología está llamada, pues, a comunicar la concreción del Dios amor. Y la ternura es un buen «existencial concreto», para traducir en nuestros tiempos el afecto que el Señor nutre por nosotros.

Hoy, efectivamente, nos concentramos menos que en el pasado en el concepto o en la praxis y más en el «sentir». Puede no gustar, pero es un hecho: se empieza de lo que sentimos. La teología ciertamente no puede reducirse al sentimiento, pero tampoco puede ignorar que, en muchas partes del mundo, el enfoque de cuestiones vitales ya no parte de las últimas cuestiones o de las demandas sociales, sino de lo que la persona advierte emocionalmente. La teología está llamada a acompañar esta búsqueda existencial, aportando la luz que proviene de la Palabra de Dios. Y una buena teología de la ternura puede enunciar la caridad divina en este sentido. Es posible, porque el amor de Dios no es un principio general abstracto, sino personal y concreto, que el Espíritu Santo comunica íntimamente. Él, en efecto, alcanza y transforma los sentimientos y pensamientos del hombre. ¿Qué contenidos podría tener entonces una teología de la ternura? Dos me parecen importantes, y son las otras dos sugerencias que me gustaría brindaros: la belleza de *sentirnos amados por Dios* y la belleza de *sentir que amamos en nombre de Dios.*

Encuentro con los participantes en el congreso nacional sobre el tema La teología de la ternura en el Papa Francisco, 13 de septiembre 2018

Una montaña de ternura

Está el peligro de que el voto de castidad de las hermanas e incluso el de los sacerdotes célibes se convierta en un voto de «solterones». ¡Qué mal hacen una monja «solterona» o un sacerdote «solterón»! Para esto, hay que volver a la ternura. Hoy tuve la gracia de ver a religiosas con mucha ternura: cuando fui al memorial de la Madre Teresa y vi a las hermanas, cuidaban con mucha ternura a los pobres. Por favor: ternura. Nunca regañar. ¡Agua bendita, jamás vinagre! Siempre con esa dulzura del Evangelio que sabe acariciar las almas.

Retomando una palabra que nuestro hermano dijo: habló de *carrerismo*. Cuando en la vida sacerdotal, en la vida religiosa entra el *carrerismo*, el corazón se vuelve duro, ácido y se pierde la ternura. El carrerista o la carrerista ha perdido la capacidad de acariciar. Me gusta siempre pensar en cada familia como «icono de la familia de Nazaret, con su cotidianeidad hecha de cansancios y hasta de pesadillas, como cuando tuvo que sufrir la incomprensible violencia de Herodes, experiencia que se repite trágicamente todavía hoy en tantas familias de prófugos miserables y hambrientos»; son capaces, por medio de la fe amasada en esas luchas cotidianas, de «transformar una cueva de animales en la casa de Jesús, con unos pobres pañales y una montaña de ternura» (*Evangelii gaudium*, 286).

Necesitamos medios materiales, son necesarios, pero no son lo más importante. Por esto, no debemos perder la capacidad de acariciar, no perder la ternura ministerial y la ternura de la consagración religiosa.

Encuentro con sacerdotes, sus familias y religiosos, Skopje, Macedonia, 7 de mayo de 2019

Como el buen pastor

Era manso. Uno de los signos del buen Pastor es *la mansedumbre*. El buen pastor es manso. Un pastor que no es manso no es un buen pastor. Tiene algo escondido, porque la mansedumbre se muestra tal cual es, sin defenderse. Es más, el pastor es tierno, tiene esa *ternura de la cercanía*, conoce a las ovejas una a una por su nombre y cuida de cada una como si fuera la única, hasta el punto de que *cuando llegan a casa después de una jornada de trabajo, cansado, se da cuenta de que le falta una, sale a trabajar otra vez para buscarla y [encontrarla] la lleva consigo, la lleva sobre sus hombros* (cf *Lc* 15,4-5).

Este es el buen pastor, este es Jesús, este es quien nos acompaña a todos en el camino de la vida. Y esta idea del pastor, esta idea del rebaño y las ovejas, es una idea pascual. La Iglesia en la primera semana de Pascua canta ese hermoso himno para los recién bautizados: «Estos son los corderos recién nacidos», el himno que hemos oído al comienzo de la Misa. Es una idea de comunidad, de ternura, de bondad, de mansedumbre. Es la Iglesia que quiere Jesús, y Él cuida de esta Iglesia.

Meditación matutina en la capilla de la Domus Sanctae Marthae, 3 de mayo 2020

No es cuestión de emotividad

Así es la misericordia de Dios. No se asusta de nuestro pasado, de nuestras cosas malas: se asusta solamente del cierre. Todos nosotros tenemos cuentas que resolver; pero hacer las cuentas con Dios es algo muy bonito, porque nosotros empezamos a hablar y Él nos abraza. ¡La ternura! Entonces podemos preguntarnos si nosotros mismos hemos experimentado esta ternura, y si nos hemos convertido en testigos de ella. De hecho, la ternura no es en primer lugar una cuestión emotiva o sentimental: es la experiencia de sentirse amados y acogidos precisamente en nuestra pobreza y en nuestra miseria, y por tanto transformados por el amor de Dios.

Dios no confía solo en nuestros talentos, sino también en nuestra debilidad redimida. Esto, por ejemplo, lleva a san Pablo a decir que también hay un proyecto sobre su fragilidad. Así, de hecho, escribe a la comunidad de Corinto: «Para que no me engreía con la sublimidad de esas revelaciones, fue dado un aguijón a mi carne, un ángel de Satanás que me abofetea [...]. Por este motivo tres veces rogué al Señor que se alejase de mí. Pero él me dijo: "Mi gracia te basta, que mi fuerza se muestra perfecta en la flaqueza"» (*2Cor* 12,7-9). El Señor no nos quita todas las debilidades, sino que nos ayuda a caminar con las debilidades, tomándonos de la mano. Toma de la mano nuestras debilidades y se pone cerca de nosotros. Y esto es la ternura.

Audiencia general, 19 de enero de 2022

El estilo de Dios

¿Cuál es el estilo de Dios? No lo olviden nunca: el estilo de Dios es cercanía, compasión y ternura. Nuestro Dios es cercano, compasivo y tierno. En Jesús vemos el estilo de Dios.

Con este estilo, Dios nos atrae hacia sí. No nos toma por la fuerza, no nos impone su verdad ni su justicia, no hace proselitismo con nosotros. «Él quiere atraernos con amor, con ternura, con compasión». En una carta de san Francisco de Sales escribe: «El imán atrae el hierro y el ámbar la paja y el heno. Pues bien, ya seamos hierro por nuestra dureza, o paja por nuestra debilidad, debemos dejarnos atraer por este Niño celestial». Nuestras fortalezas, nuestras debilidades se resuelven solo ante el pesebre, ante Jesús o ante la cruz, Jesús desnudo, Jesús pobre, pero siempre con su estilo de cercanía, compasión y ternura.

Audiencia general, 28 de diciembre de 2022

Índice

Más libros del papa Francisco

Una luz en la noche

La esperanza cristiana es algo más y se alimenta con la oración y las elecciones diarias, con el ejemplo de María bajo la cruz, con la fuerza de los santos y mártires.

Esta breve antología del Papa Francisco sobre el tema de la esperanza ofrece la ocasión para reflexionar sobre lo que él llama virtud humilde, la más pequeña, pero fundamental.